Comment vivre sa jeunesse dans un monde qui bouge

21 secrets pour réussir la traversée de cet âge d'or

Annick IMBOU

Loi n°49-956 du 16 juillet 1949 sur les publications destinées à la jeunesse, modifiée par la loi n° 2011-525 du 17 mai 2011.

© 2022, Annick IMBOU

Édition : BoD – Books on Demand, 12/14 rond-point des Champs-Élysées, 75008 Paris
Impression : BoD - Books on Demand, Norderstedt, Allemagne

ISBN : 9782322394203

Dépôt légal : avril 2022

Dédicace

*À mes enfants Jessy-Laurel et Eden Nathan
Aux jeunes de la Jeunesse Restaurée en Christ*

*Une vie réussie est un rêve d'adolescent
réalisé dans l'âge mûr*

— *Alfred de Vigny*

Dans la vie, la mort n'est pas la plus grande perte. La plus grande perte, c'est plutôt ce qui meurt en nous pendant notre vie.

— Norman Coussins

Préface

Ce livre est un chef d'œuvre, car il éclaire les jeunes qui veulent réussir dans ce monde où règnent beaucoup d'incertitudes. La mise en pratique de ces 21 secrets, bien expliqués, dans cet ouvrage, est fondamentale pour réussir la traversée de cet âge d'or. Bien vivre sa jeunesse, c'est entrer dans la construction volontaire de sa vie et de ses rêves. Réussir sa jeunesse signifie, éclipser le passé et se projeter vers le futur, tout en faisant de son mieux pour bien vivre son présent. La jeunesse est un moment d'observation utile, car elle est source d'enseignement. On apprend beaucoup de ce livre écrit par Annick IMBOU, car il nous permet de faire une rétrospection sur ce qu'on a soi-même vécu ou expérimenté. A travers ces écrits, nous apprenons qu'au cours de cette période de la vie, le jeune acquiert de l'expérience et des connaissances nécessaires pour devenir acteur de sa propre vie. Grâce à son implication, il arrive à réaliser ses rêves et en enfanter d'autres.

Bill KALALA
Pasteur et enseignant
Visionnaire du C.E.R.R

Avant-propos

« Tu dois réussir ma fille. Rien ne peut t'empêcher de réussir. Tu as toutes les chances de ton côté pour réussir ». Ce sont les paroles que mon père me répétait si souvent, lorsque je n'étais qu'une adolescente jusqu'à la veille de mon départ pour la France. Elles sont restées enfouies dans ma mémoire et devenues comme un refrain. Je repensais à ces paroles chaque fois que j'étais face à un défi, un géant qui cherchait à m'empêcher de réussir. Alors je me disais « Annick, rien ne peut t'empêcher de réussir ». Cela produisait en moi, de l'endurance et de la confiance. Réussir à tout prix, c'était le vœu pieux de mon père. Il passait des heures à nous expliquer qu'il fallait réussir et il n'avait que ces mots-là à la bouche : « réussite, réussite ». Aussi, pour lui, étudier était associé à la réussite. Il disait souvent « je vous ai mis à l'école », ce qui se traduit par : « Je vous ai inscrit à l'école dans le seul but que vous réussissiez dans la vie ». Je pensais que la réussite se résumait à une inscription à l'école et par coup de baguette magique, elle apparaissait devant vous, une fois que vous aviez traversé les murs de l'école. J'avais l'impression qu'une fois mise à l'école, j'avais le devoir de réussir.

Réussir en échange de mon inscription. C'est comme un capital qu'il avait investi et il espérait comme tout investisseur gagner en retour. Son investissement devait donc lui générer des intérêts ou des dividendes. La réussite dont on m'avait peint le portrait était à l'image d'un enfant que l'on dépose le matin dans une garderie et à la fin de la journée, on espère retrouver cet enfant avec plein de cadeaux, des surprises agréables et inattendues. Mais dans la vraie vie, ce n'est pas ce tableau-là. La réussite n'est ni une monnaie d'échange, ni un cadeau que l'on reçoit gratuitement après avoir écrit un courrier au Père Noël. Elle ne réside pas non plus dans les quatre murs de l'école, sinon que tous les inscrits auraient tous réussis. Elle n'est pas non plus la potion magique dans laquelle Obélix par concours de circonstance a pu se baigner et est devenu le héros le plus fort de l'histoire des Gaulois. L'école, quant à elle, est un lieu d'apprentissage et d'acquisition des connaissances et des savoirs, indispensables à la vie. C'est l'un des chemins qui peut nous conduire vers la réussite. Mais elle ne la fabrique pas. Dans tous les cas, mon problème n'est pas l'école comme vous pouvez le comprendre, mais le point culminant ici, c'est la réussite. La réussite comme mon père me l'avait présentée, c'est aller à l'école, étudier de façon à réussir dans la vie. Ce n'est que plus tard que j'ai compris que mon père ne m'avait pas tout expliqué et je l'ai appris moi-même chemin faisant. Il m'avait montré un volet_ l'école_ mais cela n'était pas suffisant. Alors, comment faire pour la trouver ? Thomas Hobbes stipule que : « réussir c'est atteindre ce but qu'est le bonheur, mais ce serait vain que l'on se fixerait ce but, si l'on ne se donnait pas aussi les moyens pour y parvenir. ». Mon père m'a montré la fin, c'est-à-dire le bonheur dont parle Hobbes, et non pas le début, notamment les éléments qui allaient me permettre d'y arriver. Comment donc une jeune que je fus, à cet âge si précoce, voyait-elle la réussite ? Certainement, comme on me l'avait présentée. Or, j'ai compris avec le temps que la réussite a des règles ou des principes qu'il faut respecter. Le langage de mon père est le même que celui de la plupart des parents, qui souvent placent la barre très haute au point où l'enfant ne sait pas comment faire pour l'atteindre. Souvent, le jeune que j'étais moi-même ne dispose pas suffisamment d'outils ou de ressources, pour arriver là où on l'attend. On se demande souvent si les vœux des parents ou les moyens financiers, suffisent à conduire à la réussite ? La réponse à cette question est dichotomique. Je dirais qu'ils y contribuent, mais, ils ne sont pas suffisants. Voilà la raison qui m'a motivé à écrire ce livre sans avoir la prétention de tout connaitre, ni même celle de vouloir dire que ce sont ces seuls éléments qui peuvent aider un jeune à réussir cette étape jusqu'à sa majorité. J'ai voulu par ces écrits exposer quelques principes qui m'ont aidée personnellement et que je pense, pourront aussi être utiles à d'autres aujourd'hui. Car inscrire les enfants à l'école ne suffit pas, il faut aussi leur montrer comment mettre toutes les chances de leur côté pour atteindre leurs buts dans la vie. Pour ne pas laisser ces jeunes ; ramer seuls et au final abandonner parce qu'ils n'y arrivent pas, j'ai pensé qu'en partageant ma propre expérience et celle que j'ai pu observer dans la vie de ceux qui ont été des modèles pour moi, cela pourrait contribuer à les propulser et les aider à entrer dans les mailles du filet du bonheur. Etre un jeune, ce n'est pas une tare, bien au contraire, c'est un bel âge, un âge où les apprentissages et les rêves sont permis et encore possibles. Mais sans rester dans cette belle image ; la jeunesse est aussi une période critique, où par défaut d'accompagnement, plusieurs perdent le nord ; c'est-à-dire qu'ils plongent dans les actes délictueux, tels que la violence, l'insolence, le mépris des règles, de l'autorité, les vices en tout genre. Et au final, le jeune devient un véritable goulot d'étranglement pour les parents, qui ne savent plus que faire et préfèrent se résigner plutôt que de continuer à se battre pour le bien-être de leur enfant. J'ai appris que les choses que l'on ne soignent pas maintenant, deviennent plus tard de véritables gangrènes, qui à défaut de soin, vous obligent à les amputer pour éradiquer le mal. Au lieu de voir les choses se détériorer sous vos yeux, cet ouvrage qui s'adresse aussi bien aux jeunes qu'aux parents, vous permettra de trouver des secrets ou des idées simples, pour aider à mieux vivre le passage de la jeunesse à l'âge adulte, en toute sérénité. Ce sont des choses que j'ai pratiquées et que je pratique encore maintenant, car elles m'aident à obtenir des résultats remarquables.

Introduction

Selon le Robert, la réussite est un procédé qui associe des aptitudes, des dispositions (physiques, comportementales, mentales, émotionnelles, sociales, matérielles, sentimentales, etc.). Un procédé est selon le dictionnaire de l'académie française, une manière de s'y prendre, une méthode pratique pour faire quelque chose, une technique utilisée pour réaliser une tâche. Si on s'en tient à ces définitions, on se rend compte que la réussite n'est pas un simple jeu de mots, mais elle engage les moyens, les techniques, les méthodes que l'on emploie pour atteindre un niveau ou exécuter une tâche, en vue d'obtenir des résultats. Cependant, certains jeunes qui n'ont pas été instruits à ce sujet, tentent malgré tout de nager dans ce grand fleuve ; mais malheureusement par manque de force, de méthode, les eaux finissent par les submerger. D'autres, par contre, ont eu la chance d'être accompagnés, éclairés sur la manière de se comporter dans ce fleuve, et ils parviennent à éviter la noyade. Ce livre que j'écris aujourd'hui s'adresse de facto à la première catégorie d'individus. Quand bien même ils se sont déjà jetés dans les eaux du fleuve, cet ouvrage les aidera à trouver les moyens d'arriver à dominer la peur de se noyer et d'abandonner en cours de route. Pour les autres, ce sera un rappel des éléments qu'ils appliquent déjà dans leurs vies. J'emploie le mot « secrets » parce que ce sont ces éléments que j'ai appris et appliqués personnellement, et que je partage dans ce livre. Des choses que je continue à appliquer jusqu'à maintenant et qui sont restées comme des règles d'or dans ma propre vie. Cet ouvrage intitulé « Comment vivre sa jeunesse dans un monde qui bouge », offre quelques éléments qui pourront aider les jeunes à traverser cet âge d'or sans leurre dans un monde en pleine ébullition, et surtout à réaliser leurs rêves[1], et à vivre agréablement cette étape cruciale de leur vie, grâce à des dispositions simples voire connues par un plus grand nombre de personnes. Toutefois, il faut dire que la jeunesse n'est pas une tare ; elle le devient si et seulement si les parents en tant que responsables, n'enseignent pas à leurs enfants comment vivre sereinement cette période de leur vie. Car nous ne sommes pas sans ignorer que nous étions à leur place quelques années auparavant. Ainsi, comme nous

---

[1] *Aux jeunes gens les rêves et aux vieillards des songes,* d'après le « livre de Joël » dans la Bible. Les rêves sont pour la jeunesse. Ils ont le temps de rêver grand et de les voir se réaliser s'ils agissent en conséquence.

avons su le dire, l'école a une mission d'instruction, donc de transmission de connaissances et de savoirs. Cet ouvrage tente d'apporter quelques éléments qui, je le souhaite, peuvent vous aider à traverser les différentes épreuves de cet âge d'or, avec à la clé, un rêve et un but. Nous allons ici présenter vingt-et-un secrets pour réussir ce passage, car nous ne voulons pas rester au stade des regrets parce que nous connaissions des choses et nous n'avons pas eu assez confiance en nous pour les partager aux autres. Nous partons de l'idée que l'égoïsme est un vice qui n'enrichit pas, mais appauvrit. Garder pour soi des connaissances et des savoirs, c'est de l'égoïsme.

Secret n° 1 : Se connaître

Connais-toi toi-même.

Socrate
───────────

La question cruciale est celle de savoir : « *qui suis-je ?* » C'est une question que l'on ne se pose pas souvent voire pas du tout, parce que l'on se dit que c'est une évidence. Je suis Hiro, c'est comme ça que mes parents ont choisi de m'appeler. Effectivement, il y a cette notion de parentalité qui intervient et qui montre que tu es le fruit d'une union entre deux êtres de sexe différent : mâle et femelle. Ce sont eux qui t'ont engendré. Prendre conscience de qui vous êtes est révélateur de votre valeur, c'est-à-dire de la personne que vous êtes. Vous êtes jeune et vous êtes talentueux, plein de rêves. Ne vous méprenez pas, votre jeunesse est précieuse. Vous n'êtes pas là par hasard ou parce que vos parents l'ont désiré, même si c'est le cas. Sachez que votre présence dans ce monde n'est pas vaine, vous avez un rôle à jouer, des choses à faire et à offrir. Vous êtes une belle personne, même si personne ne vous accepte maintenant.

Vous vous sentez peut-être méprisé sans connaître les vraies raisons de ce mépris. Croyez que les autres n'ont pas raison de vous mépriser, car en vous méprisant, ils ignorent qu'ils se méprisent eux-mêmes, par ce que vous êtes faits de chair comme eux. La vraie question est celle de se demander « comment une chair peut-elle mépriser sa propre chair ? » Nous sommes tous faits de chair, je dirai plus encore de terre. Car n'entendons-nous pas dire lors des cérémonies funéraires « nous sommes terres et nous retournons à la terre ». Donc c'est invraisemblable de laisser le mépris être une arme que nous utilisons contre nos semblables. Par ailleurs, se connaitre soi-même, c'est aussi savoir que vous êtes membre d'une famille, et vous habitez dans des lieux de vie. Or, personne n'est tombée du ciel ou tirée directement de la terre, hormis Adam que la Bible nous décrit dans le livre de la Genèse[2]. Tout enfant est né de l'union d'un père et d'une mère. C'est par cette union qu'il est venu à la vie. Par ailleurs, nous pouvons vivre avec des parents biologiques, adoptifs ou spirituels. Ce milieu de vie est reconnu comme celui où en tant qu'enfant, vous acquérez des savoirs : être, vivre et faire. Cette conscience de qui vous êtes, doit vous amener à accepter votre statut,

---

[2] Genèse 2 :7

c'est-à-dire celui d'enfant. Vous êtes enfant d'un tel père ou d'une telle mère. Il faut dire également que vous êtes donc sous la responsabilité de vos parents ou d'un parent (oncle, tante, etc.). Vous êtes sous l'autorité d'un adulte avec lequel, vous avez une relation de filiation et de dépendance. Cette autorité trouve sa justification en ce qu'elle donne aux parents la responsabilité de prendre soin de vous. Le jeune dépend ainsi largement de ses parents en termes de logement, d'alimentation, de soins, d'habillement, de soutien en tout genre, d'assistance, etc. En ce sens que cette famille dont vous faites partie, peut être soit biologique soit adoptive. Cependant, elle peut aussi être spirituelle, dès l'instant que vous faites partie d'une communauté religieuse. Depuis que le monde existe, la famille occupe une place de choix dans nos sociétés. Elle est la base de toute société. En cela, elle doit être défendue, protégée, parce qu'elle constitue la force d'une nation. L'enfant se reconnait dans ce noyau familial, il se construit et bâtit ainsi petit à petit la sienne, en prenant pour modèle celle dans laquelle elle vit présentement. La famille est le moule où le caractère de l'enfant se forme et se façonne. Elle est la première maison où naissent les rêves, mais malheureusement c'est de là aussi qu'ils peuvent se briser.

C'est dans le cocon familial que les rêves se révèlent à nous. Aussi, c'est le lieu où l'enfant pense que le monde des possibilités est à sa portée. Il rêve de grandeur, de beau château avec plusieurs serviteurs à son service. C'est là aussi qu'il apprend à se forger une personnalité, capable de résister aux aléas de la vie. La famille est un arbre dont les branches nous servent d'appui. Elle est un espace naturel de sécurité et de développement personnel. C'est dans ce cocon que l'enfant se développe, bénéficie d'une éducation et reçoit des valeurs familiales. La famille est sacrée. Un dicton africain dit ceci : « Le fil qui relie une famille peut bouger, mais il ne se rompt pas ». En cela, les liens familiaux sont indivisibles, malgré les incompréhensions qui peuvent surgir en son sein. Dans la vie, on choisit ses amis, mais pas sa famille. Tout commence dans la famille, et Mère Teresa a déclaré ceci : « N'oublions pas que l'amour commence dans la famille. » C'est en son sein qu'on apprend l'amour, le respect, le partage, la différence. Les parents ont le devoir de protéger leurs enfants, car « la famille est faite pour la protection et pour le chaud du nid » déclare Jean Dutourd. Le jeune doit se sentir en sécurité dans sa famille, et celle-ci doit être un « havre de paix. »

Dehors peut être chaotique, mais la famille doit vous garantir la sérénité.

Secret n° 2 : Respecter ses parents

Honore ton père et ta mère, afin que tes jours se prolongent dans le pays que l'Eternel, ton Dieu te donne.

Exode 20 :12

Le respect est-il un devoir, à cet âge de la vie ? On peut l'affirmer, dans la mesure où le jeune, du haut de son âge, se doit d'honorer ses parents en raison de leur position ou du rang qu'ils occupent. Ce sont des adultes, ceux qui avant vous ont déjà atteint une certaine maturité. Le respect est un repas que les parents apprécient plus que les beaux yeux. Un parent qui est honoré ou respecté, se sentira valorisé. Mais le contraire les conduira à une certaine rigidité vis-à-vis de vous. Comme il est dit dans le livre des Proverbes, parlant d'un fils insensé, « ce dernier procure du chagrin à son père et il ne peut se réjouir d'un tel fils[3] ». Si vous voulez réussir dans la vie, vous devez faire du respect le fondement de votre vie et non un moyen d'obtenir quelques faveurs de vos parents. Le respect n'est

---

[3] Proverbes 17 :21

pas la dernière carte que l'on dépose sur la table dans l'espoir de gagner une partie de poker. Non, il est et sera toujours, cet élément majeur dont la Bible parle, comme étant la clé du bonheur et de la longévité pour tout enfant qui le souhaite. Il est écrit : « Honore ton père et ta mère, afin que tes jours se prolongent dans le pays que l'Eternel, ton Dieu, te donne » (Exode 20 :12). Dans un autre passage de la Bible, il est dit : « Enfants, obéissez à vos parents, selon le Seigneur, car cela est juste. Honore ton père et ta mère, c'est le premier commandement avec une promesse, afin que tu sois heureux et que tu vives longtemps » (Ephésiens 6 :1-3). Le secret de la longévité et du bonheur est basé sur le respect que nous devons à nos parents. Le Code civil affiche aussi que l'enfant à tout âge, doit honneur et respect à son père et à sa mère. Ce n'est donc pas négociable, dans la quête vers la réussite. Un enfant qui tient le respect pour mode de vie, se distingue des autres. Le respect est une force de caractère qui permet de mieux affronter les coups durs de la vie. C'est la preuve que les valeurs éducatives ont été acceptées et imprégnées en vous. Car l'insolence est un manque de respect et celui-ci est le signe d'un manque d'éducation. Ne qualifie-t-on pas un enfant irrespectueux comme celui qui manque d'éducation ? Celui qui honore ses parents se verra confier des grands secrets ou des trésors. Le cœur d'une mère ou d'un père s'ouvre, lorsqu'il ou elle voit le respect lui être offert. Il ne faut pas penser que le cœur d'un parent s'achète avec les présents ou les cadeaux, mais pour le gagner, il y a une chose que j'ai toujours faite, c'est d'honorer ou de respecter mes parents. Comme l'a affirmé Joseph Joubert, « le respect est meilleur encore à éprouver qu'à inspirer, car le respectueux est toujours estimable ». Aujourd'hui, l'expression « j'ai le droit », est trompeuse. Car les jeunes que vous êtes, croient que la liberté d'expression que vous avez, vous donne le droit de parler avec arrogance ou mépris à vos parents. Tout adolescent doit savoir que les mots sont importants, mais ils doivent être utilisés avec dextérité. Car en tant que jeunes, vous ne mesurez pas la portée de vos mots, quand vous vous adressez à un parent ou à un adulte. Le respect devient de plus en plus conditionné au seul fait que vous attendez de vos parents des avantages bien précis. Comme si c'était une monnaie d'échange. On se demande souvent comment de telles idées ont pu être véhiculées ? Toutefois, rappelons que la réussite nous procure le bonheur. Celui qui a réussi, vit le bonheur, il est heureux. Et ce bonheur commence par le respect ;

celui-ci selon la Bible y contribuerait énormément. Le manque de respect sape lourdement l'estime et détruit la confiance. La Bible nous relate l'histoire de Cham qui a déshonoré son père, en se moquant de lui après avoir découvert sa nudité, alors que ce dernier était dans un état d'ivresse. Cet enfant a été la raison pour laquelle un peuple a été maudit (Genèse 9 :20-26). Nous voyons à quel point le manque de respect n'entraine pas simplement une perte de confiance, mais c'est un canal ouvert à l'exclusion, à la malédiction. Des enfants sont maudits par leurs parents à cause du manque de respect à leur égard ; leur insolence blesse le cœur des parents. Ces derniers sont au regret d'avoir de tels enfants. Malheureusement, il arrive que ces derniers prononcent à l'égard de leurs enfants des paroles sous l'effet de la colère et cela peut avoir des conséquences dans leur vie. Ces enfants le portent toute leur vie, s'ils ne reviennent pas s'excuser d'avoir blessé leurs parents. Par contre, un enfant respectueux fait la joie de ses parents. Certains parmi vous, vous avez l'habitude de vous moquer de vos parents, parce qu'ils ne s'expriment pas bien dans une langue donnée, par exemple en français. Vous ne devez pas oublier que vous avez en face de vous un père ou une mère, ayant autorité sur vous. Vous avez vu comment la moquerie a sapé la vie de toute une génération dans l'exemple de Cham. Les paroles ont une puissance. Elles bénissent et elles peuvent aussi maudire. L'autorité parentale n'est pas un collier visible à l'œil nu, mais elle est spirituelle. Les paroles sont de simples mots, mais qui peuvent avoir une incidence profonde dans la vie réelle. Combien d'enfants ont été détruits simplement par des paroles. Le cœur d'un père ou d'une mère qui est blessé, est une pépinière de mauvaises paroles, qui peuvent, lorsqu'elles sortent, détruire la vie du jeune que vous êtes. Vous pouvez ne pas être d'accord avec moi, mais je vous dis ce que j'ai pu expérimenter. J'ai pu comprendre en grandissant qu'il ne faut pas blesser le cœur d'un parent, mais au contraire rechercher tant que vous le pouvez à le réjouir. Je comprends aussi ; le fait que certains enfants subissent de la part de leurs parents ; des mauvais traitements, ce qui les pousse à mal agir. Je compatis énormément à votre douleur. La seule solution c'est d'en parler à quelqu'un ou aux assistantes sociales qui, dans des situations de ce genre pourront trouver des solutions adéquates et vous aider à sortir de cet engrenage. Cependant, il faut souligner que dans votre ignorance, vous vous croyez tout permis, vous violez quelque fois les règles, vous bafouez l'autorité parentale. Le mépris de certains d'entre vous qui découvrent la vie, et le grand air, un environnement autre que la famille, vous conduise la plupart du temps à penser que les parents sont ennuyeux, eux, ainsi que leurs multiples règles. Les règles qui au départ étaient acceptées, deviennent contraignantes parce qu'on pense qu'un monde sans règles serait meilleur. Or, l'ignorance et la folie sont attachées à la jeunesse. Voilà pourquoi, ceux qui refusent de se soumettre aux règles, deviennent de plus en plus insensés et incontrôlés à un moment de leur parcours. Il faut souligner que la folie vous gutte à cet âge. Le manque de règles fait que nous assistons à des dérives sans précédent. Apprendre à respecter ses parents ou dirai-je plutôt « aimer le respect », vous mènera loin dans la vie. La Bible dit que la connaissance commence par le respect. Il faut être un insensé pour mépriser la sagesse et l'instruction. Aussi, les parents, n'irritez pas vos enfants, de peur qu'ils ne se découragent. Faisons attention à la manière dont nous traitons nos enfants, la violence verbale ou physique, peut s'avérer très destructrice pour leur vie. Les parents qui croient que le bâton ou les insultes peuvent amener un enfant à obéir, se trompent très souvent. Cela peut avoir un effet contraire et inciter à la rébellion. Les jeunes qui subissent des mauvais traitements sont susceptibles de résister à l'autorité parentale. Voilà pourquoi, les conseils d'une mère, et l'instruction d'un père, peuvent mieux éduquer que le bâton. A vous les jeunes, obéissez à vos parents, car votre bonheur et votre longévité en dépendent. Le respect vous introduira dans l'intimité du roi. Le respect vaut aussi pour ceux qui vous transmettent les connaissances et les savoirs en milieu scolaire : maîtres ou maîtresses, enseignants ou professeurs. Il est déplorable d'entendre les expressions telles que « tu n'es pas ma mère ou mon père ». Cette mentalité de croire que ceux qui ont droit au respect ce sont uniquement vos parents et pas les autres adultes, n'est qu'une absurdité. Un jeune se doit de respecter les adultes, membres de sa famille ou pas, plus encore vous le devez à vos enseignants. Vous ne pouvez pas bénéficier des savoirs d'un enseignant, si vous ne lui donnez pas le respect. Il est conseillé aux enfants d'écouter l'instruction. Comment pouvez-vous profiter de l'instruction si vous n'écoutez pas celui qui vous parle ? Le manque de respect bannit les bonnes mœurs. Ayez de la considération et du respect pour ceux qui vous donnent l'instruction. Même s'il s'agit d'un cours ou d'une matière qui ne vous plaît pas, ayez du respect pour celui qui a consacré son temps, son énergie, pour préparer cette leçon et vous transmettre ce savoir. Le cours peut, ou ne pas, vous plaire ; dites-vous que vous devez du respect à cette personne, comme vous le devez à vos parents. Vos parents ont-ils toujours raison ? Non, mais vous leur témoignez du respect, n'est-ce pas ? Calmez-vous ou apprenez à garder le calme, même si cela ne vous convient pas. Quand bien même le cours vous « saoule », comme vous avez coutume de le dire, gardez le silence. « Cet enseignant me saoule », « c'est ennuyeux son cours », disent plusieurs d'entre vous. Oui, vous avez peut-être raison, mais évitez que votre raison tourne à votre désavantage, si vous osez mal vous comporter devant ce dernier. Comme ce fut le cas de ce jeune garçon qui s'ennuyait lors d'un cours, il a décidé d'enfreindre les règles en sortant de la salle de cours, malgré le refus de la professeure. Pris de colère, il a ouvert violemment la porte en poussant la dame, qui a été précipitée au sol. Une telle violence est la preuve que ce jeune, manque de respect, et laisse à penser qu'il agit également de la sorte dans sa propre famille. Ce que nous manifestons au dehors n'est que le reflet de ce que nous sommes à l'intérieur de nous et cela se manifeste malheureusement qu'importe le lieu. Jeunes, ayez de la dignité et du respect, en faisant preuve d'une bonne conscience, partout où vous êtes. N'oubliez pas qui vous êtes : Vous faites partie d'une famille. Vous êtes donc des ambassadeurs de celle-ci. Si vous vous comportez mal, c'est l'image de votre famille qui est salie et en l'occurrence celle de vos parents. Soyez des véritables Youtubeurs de vos familles, faites de la publicité à travers votre savoir-être, votre respect. Alors, la vie de vos parents sera louée au-delà des quatre murs de vos maisons.

Secret n° 3 : L'amour

L'amour n'est pas un sentiment, c'est un choix.

Myles Munroe

Le respect découle de l'amour. Car nous pouvons dire que l'amour produit le respect. Mais qu'est-ce que l'amour ? Myles Munroe a dit que l'amour n'est pas un sentiment, mais un choix. Si l'on s'appuie sur cette affirmation, nous pouvons alors comprendre les paroles de Jésus que nous découvrons dans la Bible : « Tu aimeras ton prochain comme toi-même ». Plus loin il est dit : « Aimez vos ennemis, faites du bien à ceux qui vous haïssent et priez pour ceux qui vous maltraitent et vous persécutent ». Au regard de ce que nous présente la Bible, nous comprenons qu'il ne s'agit pas d'un ressenti ou d'un sentiment, voire une sensation, mais il s'agit bien comme le dit clairement Munroe, d'un choix. On peut au départ confondre l'amour à un sentiment, mais il n'en est pas un. Avec le temps, j'ai pu le constater, car il ne s'agit pas de ce que nous ressentons, mais d'une position que nous adoptons vis-à-vis de quelqu'un. Aimer son ennemi, celui que je reconnais comme étant la source de mon malheur. Celui-là je dois l'aimer, c'est-à-dire faire le choix de lui faire du bien plutôt que lui rendre le mal, comme le recommande Jésus. Aimer est un choix de vie, une position que l'on adopte malgré les vents contraires. J'ai aimé Tom[4], un jeune handicapé ; avec lui j'ai appris à être consciente primo de ma propre différence et secundo de celle des autres. S'aimer malgré nos différences, c'est également apprendre à faire de la place aux autres. Le monde n'est pas composé que de nous, de nos parents ou des membres de nos familles. C'est un ensemble composé de personnes différentes. Commencer par être conscient de cette différence et apprendre à l'aimer, c'est-à-dire apprendre à vivre avec la différence. Aimer les gens qui sont différents de nous, non pas seulement physiquement, mais aussi et surtout émotionnellement, culturellement, intellectuellement, socialement, etc. Même ceux qui ne partagent pas nos opinions. Aimer, c'est leur donner aussi la chance de s'exprimer. En acceptant Tom, c'est-à-dire en lui faisant de la place, j'ai eu envie d'écrire sur notre histoire et des

---

[4] Annick Imbou, 2021 : *A mon ami Tom. Ce que je n'ai pas pu te dire, c'est que la différence est une identité universelle.* Editions Book on Demand, 132 pages.

choses que j'ai pu vivre aux côtés de ces jeunes de l'Institut médico-éducatif. Cette rencontre a réveillé mon talent d'écrivaine. Ne méprisez personne, mais ayez de la considération, faites ce choix judicieux qui, on ne sait jamais vous fera peut-être découvrir votre talent, comme ce fut mon cas. L'avis des autres peut aussi vous amener à vous découvrir, voilà pourquoi il faut leur faire de la place. Il y a des rencontres fortuites ou des parcours qui peuvent se révéler être une mine d'or pour vous. Ne négligez personne dans la vie. Aimer c'est aussi défendre les faibles, comme Tom. Il y a plusieurs personnes qui partagent votre quotidien, mais vous tombez quelque fois dans le piège de la moquerie. Vous vous moquez des faibles, comme si vous n'aviez pas une dose de faiblesses en vous. Connais-toi, toi-même, c'est aussi savoir que vous n'êtes pas trop différents des autres. Nous sommes tous porteurs d'une différence et ce n'est qu'en s'assemblant que nos différences perdent leur intensité, parce que nous devenons complémentaires. Aimer, c'est apprendre à passer l'éponge sur les erreurs des autres, éviter de garder rancune. La rancune ne nous fait que du mal. Le mal que vous croyez rendre à l'autre, au contraire, vous empoisonne. Il vous enferme dans une prison, dont vous détenez vous-même la clé. Et cette clé n'est autre que : le pardon. Choisir d'aimer, c'est aussi comprendre que dans ce choix, vous ne serez pas toujours gagnant, vous pouvez vous tromper et souffrir. Mais il faut se dire que le but ce n'est pas de toujours gagner, mais d'apprendre de vos échecs. Il faut donc savoir passer outre ou passer l'éponge pour continuer votre route, tout en préservant votre cœur des chocs émotionnels inutiles. Excuser les erreurs des autres, tant que cela est possible, et la vie continue. Ne restez pas à ressasser le mal ou le passé, mais ayez de la sagesse, pour vous répéter que l'amour est un choix et on ne gagne pas toujours. Il peut arriver de connaitre un échec ou une tromperie. Le plus important dans cette affaire, c'est de mûrir ou d'acquérir de la maturité. Ne pas rester prisonnier de l'échec, mais se donner la chance de mieux adapter nos choix. Aimer vos parents, c'est aussi vrai qu'autre chose. Faites le choix de les considérer et les respecter parce qu'ils vous aiment aussi. Cela est également valable pour certains d'entre eux qui expriment très peu leur amour en paroles. Sachez que même si on ne vous dit pas souvent ; « je t'aime », ne vous méprenez pas, vos parents n'ont peut-être pas appris à le faire. Mais soyez rassuré qu'ils vous aiment à leur façon, celle que vous jugez si étrange. Ne dit-on pas qu'il faut se méfier des eaux douces, car elles sont souvent profondes ? L'amour « silencieux » est tout de même plus profond que vous ne l'imaginez. Voyez au moins les gestes ou les actes qui le prouvent. Lors d'une prédication, le pasteur Bill Kalala, a posé à l'auditoire la question suivante : « Préférez-vous une personne qui vous dit, je t'aime sans vous offrir de cadeaux ou bien celle qui ne vous dit pas souvent je t'aime, mais qui vous offre plein de cadeaux ? ». La réponse a sauté aux yeux de tous. Sans hésitation tout le monde a choisi la seconde personne. Donc tout ce que les parents vous offrent, est l'expression de ce choix qu'ils ont fait vis-à-vis de vous, Bien que la maison ait pris feu, une mère a pris le risque d'aller le chercher pour le sauver, sachant que son fils était dedans. Une preuve que l'amour est un choix, cette femme a choisi d'affronter la mort pour sauver la vie de son fils. Aimer, c'est partager avec les autres. L'égoïsme est un vice, qui appauvrit plus qu'il n'enrichit comme le croit l'égoïste. L'amour ne cherche pas son propre intérêt. Ceux qui cherchent des gains au détriment des autres, finissent par tout perdre. Si nous possédons quelque chose et que voyant un ami dans le besoin, nous lui fermons la porte ou refusons de l'aider, ce n'est pas l'amour. Il faut faire le choix de partager avec l'autre, un bien, une connaissance ou un savoir. Être déterminé à aider les autres dans un esprit de partage. Sachez-le, le plus grand commandement s'articule autour de l'amour. Tout passe, mais l'amour demeure. Aimez, faites ce choix judicieux en respectant les principes moraux que j'ai tenté de rappeler dans cette partie.

Secret n° 4 : Savoir choisir ses amis

Celui qui a beaucoup d'amis les a pour son malheur. Mais il est un ami plus attaché qu'un frère.

Proverbes 18 :24

A peine rentrée de l'école, ma fille commence par me raconter sa journée, en me disant « maman une copine m'a dit ceci, une autre m'a fait cela. Elle ne veut plus me parler... » Je lui dis « écoute ma chérie, on ne choisit pas ses parents, on ne choisit pas sa famille, on ne se choisit pas soi-même, mais on peut choisir ses amis ». Tu peux choisir avec qui tu veux être amie, tout dépend de toi. L'amitié comme l'amour est une question de choix. Il y a ceux qui choisissent d'avoir une pléthore d'amis, car ils se sentent bien ainsi, mais d'autres préfèrent en avoir en nombre réduit. Qu'il s'agisse de l'un ou de l'autre, la finalité, c'est être bien accompagné plutôt que de ne pas l'être. Car les mauvaises compagnies corrompent les bonnes mœurs. Beaucoup de malheurs viennent souvent de cette multitude d'amis, qu'on ne maîtrise pas. Cependant, vous ne pouvez pas réussir seul, les relations amicales sont un baume pour votre vie et contribuent à votre épanouissement. Vous ne pouvez pas vivre en vase clos, seul dans votre monde, vous finirez par vous détruire et croire que la vie ne vaut pas la peine d'être vécue. La vie est belle lorsqu'on sait choisir ce qu'on désire, on veut, on souhaite, ou ce qu'on estime meilleur pour soi... Dans les relations amicales, choisir ses amis reste un volet non négligeable, je dirais même non négociable. Choisir ses amis, c'est décider que votre vie si précieuse vaut la peine d'être protégée. Car il y a dans toutes relations humaines, une arithmétique qui s'opère comme a su le dire Junior Pérets[5]. Il y a des choses qui se soustraient de nous en interagissant avec les autres. Il y a l'apport de nos semblables dans notre vie. Pérets affirme que les relations humaines constituent le fondement sur lequel repose le processus de développement de la personne, de la découverte de soi et des autres. D'une manière générale, en entrant dans une relation, il y a quatre opérations que nous effectuons : une addition, une soustraction, une division et une multiplication. Nous

---

[5] Junior Pérets, 2018 : *Comment réussir avec les autres. Les relations humaines comme une arithmétique.* Edition Biosphère, 92 pages.

pouvons donc additionner nos différences. La différence étant une identité universelle[6], tous baignons donc dans ce fleuve dès la naissance. Vous devez savoir que les amis que vous voulez avoir ne seront pas comme vous. Ils sont différents et ce sont vos différences qui font de chacun de vous une particularité de la vie. L'amitié est donc en soi complémentarité de valeurs, de dons, où chacun avec sa différence tente de donner à l'autre ce qu'il n'a pas et de recevoir de lui ce qu'il ne possède pas. Ainsi, nous nous additionnons dans un esprit de fraternité, afin de rendre notre vie plus agréable et plus appréciable. Donc il y a quelque chose en vous qui manque et qui se trouve chez l'autre[7]. C'est cela l'équilibre de la vie. L'amitié est aussi un moyen de soustraire la solitude. Vous ne pouvez pas passer votre temps enfermé dans un monde virtuel, de jeux vidéo, de PlayStation et autres jeux en ligne. Le virtuel ne peut pas se substituer au réel. En passant plus de temps dans le monde virtuel, vous aurez l'impression que ce que vous voyez là-bas, c'est cela la vraie vie. Non, vous devenez malheureusement prisonnier d'un monde, qui au départ n'était qu'un loisir. Le loisir se transforme en cauchemar où

---

[6] Annick Imbou, Op, Cit.
[7] Junior Pérets, Op, Cit.

certains ont été poussés à commettre des meurtres, après avoir passé le temps à visualiser ces images où la violence est présentée comme quelque chose de normale. Ne vous isolez pas, l'isolement peut devenir un danger. Jules Michet a affirmé ceci : « Savez-vous le danger de s'isoler, de s'enfermer ? C'est de n'enfermer que le vide : en excluant les hommes et les idées, on va diminuant soi-même, s'appauvrissant. On se serre dans la classe, dans son petit cercle d'habitudes, où l'esprit, l'activité personnelle ne sont plus nécessaires. La porte est bien fermée, mais il n'y a personne dedans. Pauvre riche égoïste ! Si tu n'es plus rien, que veux-tu donc si bien garder ? ». L'isolement, c'est une forme d'égoïsme, c'est refuser de partager son talent avec les autres. S'isoler, ce n'est pas seulement vivre seul, c'est perdre le contact de l'esprit et de cœur avec les autres. La solitude tue. Voilà pourquoi, l'amitié est un moyen de lutter contre elle, en choisissant de partager des moments de joie en compagnie des autres. Car il n'y a pas de joie à être heureux seul. « Le vrai bonheur, c'est lorsqu'on le partage avec les autres » (Proverbes africain). L'amitié est une division de connaissances, de biens. Nous ne pouvons pas tout avoir ou posséder dans la vie. Si les plus petits l'ont compris et arrivent à échanger leurs jouets, pendant un temps de loisir ; c'est la preuve qu'en amitié, cela est aussi possible. Il doit y avoir un partage ou une participation, où chacun amène quelque chose. Vous ne pouvez pas non plus tout connaître, les autres connaissent des choses qu'ils peuvent vous partager, dès lors que vous êtes en interdépendance et vice versa. Vous avez tous des talents, mais vous n'avez pas reçu les mêmes. Même à l'école, vous constaterez qu'un élève, supposé qu'il soit votre ami par exemple, doué dans une matière. On constate que dans la même classe, il y a aussi un autre qui l'est dans une autre. Une amitié peut être un moyen pour vous de vous améliorer dans une matière où l'autre est plus compétent que vous, en apprenant à ses côtés. La réussite passe aussi par l'ouverture aux autres, en étant conscient qu'on ne peut pas tout connaître, ni tout avoir dans la vie ; les autres ont ce que nous n'avons pas. Se faire des amis, vous multiplie, de sorte que vos aptitudes ne restent pas inactives, mais qu'elles se développent et s'affermissent. Vos capacités deviennent utiles, dès lors que vous êtes sollicité à les mettre au service des autres, dans cette relation d'amitié. Plus vous passez du temps en compagnie des autres, plus vous découvrirez les aptitudes que vous avez et vous saurez les maximiser. Car vos aptitudes se multiplient en servant les autres. Un pâtissier ne se développe pas en faisant ses pâtisseries seul dans sa pâtisserie et en les mangeant seul. Imaginez-vous qu'il soit le fabricant, le testeur, le juge et enfin, le client. Ce n'est pas possible. Ce sont les autres qui doivent jouer les rôles que lui ne peut pas à lui seul faire, s'il veut s'épanouir ou se faire connaître. Ce n'est qu'ainsi qu'il verra que ses aptitudes à préparer des gâteaux vont s'améliorer, se développer, grâce aux appréciations ou jugements de ses clients. Vous avez besoin des autres, mais dans cette affaire d'amitié, comme je l'ai dit au départ, il faut savoir choisir ses amis. Si vous vous liez d'amitié avec des bonnes personnes, des *allumeurs*, comme le conçoit John C. Maxwell, vous serez capable d'atteindre votre objectif. En fait, en ce qui me concerne, en m'inspirant de l'idée développée par Maxwell, je considère que les allumeurs sont d'abord et avant tout des bons amis. Ils se montrent prêts à vous aider à sortir en vous le meilleur, à avancer, à devenir ce que vous aimeriez être, à multiplier vos aptitudes, à croire en vous, à rêver grand, à voir le monde des possibilités s'ouvrir à vous et enfin à vous rendre plus compétent que le jour où vous les avez rencontrés. Par contre, si vous vous associez aux mauvais amis, il est évident que vos rêves ne se réaliseront certainement pas, vous mènerez une vie de misère. La Bible nous dit qu'on verra malheureusement des esclaves sur des chevaux et des princes marchant à terre comme des esclaves. Tout cela pour montrer la situation des personnes qui auraient dû occuper des positions supérieures, mais ce qu'on constate qu'elles sont à des positions inférieures à cause des mauvais choix. Ainsi, c'est la vie d'esclave qui sera votre partage, si vous marchez avec ceux que Maxwell appelle les *éteignoirs*. Ils portent bien leur nom, ils jettent de l'eau glacée sur le feu de la passion qui vous habite. Ils tuent votre vision, et ils vous dévient de votre trajectoire. Ils n'ont pas de vision, ils doutent de tout et vous le communiquent. Ils vous empêcheront de chercher à atteindre votre potentiel en éteignant le feu de votre passion. Ils chercheront à éteindre votre flamme afin que vous leur ressembliez. Ces éteignoirs arrivent à déplacer vos bornes vers la violence, l'insolence, le vol, etc. Avec eux, votre vision s'effrite. Aussi, certains ont découvert par exemple la pornographie ou la drogue, à cause de ces amis-là. Gardez-les à l'écart et ne vous liez pas d'amitié avec ce genre d'adolescent, car n'oubliez, pas votre jeunesse est précieuse. Protégez-la.

Secret n° 5 : Savoir utiliser les réseaux sociaux

*Tout m'est permis, mais tout n'est pas utile,
tout m'est permis, mais je ne me laisserai pas
asservir par quoi que ce soit*

Lettre de l'apôtre Paul aux Corinthiens

« Je peux me prendre en photo et la minute qui suit, l'envoyer à tous mes amis, même ceux qui ne le sont pas », déclare ce jeune, si ému par cette incroyable découverte. C'est la révolution d'Internet. Le temps du studio est révolu. J'ai connu ce temps où nous devions nous mettre sur notre trente-et-un avant d'aller voir le photographe. Et où l'on devait attendre une à deux semaines avant de voir sa photo prête à l'usage. Malgré tout, nous étions émerveillés à la vue de ces clichés. Aujourd'hui, avec un Smartphone, on peut se photographier à l'instant ; plus besoin d'attendre. Nous sommes plongés dans le monde de l'instantané dans presque tous les domaines de la vie. Et avec la révolution de l'information et de la télécommunication, les données sont rapidement échangées, transmises à travers le monde. Une véritable ouverture au monde. Hier, nous avons connu des magazines tel que *OK ! Podium*. Les générations 70 peuvent s'en souvenir. Il fallait avoir au moins un ou deux euros, pour l'acheter tous les mois. Et dans ces journaux, nous arrivions à dénicher quelques adresses des personnes avec qui nous pouvions correspondre. Ce n'est que par ce moyen que nous parvenions à nous faire des amis avec les autres habitants du monde entier. L'Internet est venu apporter un véritable changement dans les relations amicales et tous les autres domaines de la vie. Par un simple clic, nous voilà connectés au monde, c'est la découverte des continents autres que celui dans lequel nous nous trouvons. Cette ouverture a permis de voyager d'un pays à un autre, même si cela ne s'est pas encore produit dans la réalité. C'est la meilleure chose que les hommes de cette génération connaissent, et vous en tant que jeunes, vous êtes heureux de vivre dans un monde où les relations, les informations, sont facilement accessibles. Vous pouvez maintenant jouer aux jeux vidéo en ligne, apprendre des recettes, suivre du tutorat sur les matières que vous aimeriez approfondir, échanger des photos et autres activités. Gagner de l'argent grâce à quelques vidéos postées en ligne. Le phénomène des Youtubeurs bat son plein. Les milliers de vues font de vous, la personne la plus célèbre. Des personnes ont pu changer leur niveau de vie, grâce à la communication sur Internet. Cependant, Internet a des avantages, mais aussi des inconvénients, que nous décrions comme étant dangereux. En fait, les dangers d'Internet sont aujourd'hui reconnus par tous, les parents sont mis en garde sur l'usage abusif des réseaux sociaux par leurs enfants. Certains jeunes ont été incités à la violence, en regardant des vidéos sur Internet, de même que d'autres ont été initiés à la pornographie. Nous avons les échos des jeunes qui ont subi des pressions en ligne, des menaces qui ont poussé certains au suicide. Des groupes se sont formés pour inciter à la violence et ceux qui malheureusement tombent sous leur influence, se voient peu à peu perdre la raison et se retrouver à les imiter. Tout m'est permis, mais tout n'est pas utile. Il est clair que les réseaux sociaux sont un nouveau mode de vie dont on ne peut pas se passer, mais nous devons éviter de nous laisser asservir. Car ce que l'on constate c'est que ce n'est plus vous qui en êtes les maîtres, mais les réseaux vous dominent au point où vous perdez tout le contrôle. Ils peuvent vous asservir, lorsqu'ils deviennent envahissants. Le temps passé sur les réseaux sociaux, sans aucune discipline, peut devenir très vite une obsession. Certains parmi vous, sont plus habiles à utiliser une manette, qu'un stylo. Lorsqu'il s'agit d'écrire, plusieurs enfants prétextent avoir mal aux doigts. Bizarrement, quand s'il agit de jouer aux jeux, le mal disparaît. Les jeux ou Internet se transforment en une addiction, qui par la suite détruisent les aptitudes à l'intérieur de vous. Si pour la nourriture, les nutritionnistes nous recommandent de manger équilibré et avec modération ; les réseaux sociaux doivent aussi être utilisés de façon à équilibrer les temps d'étude et de navigation sur le net. A cet effet, son usage doit être fait avec modération, pour des raisons que je viens de vous évoquer. Ne devenez pas esclaves des réseaux sociaux, mais utilisez-les plutôt pour votre instruction. N'oubliez surtout pas que les relations physiques sont plus importantes que celles qui sont virtuelles.

Secret n° 6 : L'importance de l'instruction

L'instruction éclaire l'esprit, l'éducation règle les mœurs

Alexis de Tocqueville

Permettez-moi de transcrire cet extrait du bulletin mensuel de la Banque royale du Canada : c'est une petite écolière qui a écrit au Président de cette Banque. Cette écolière a demandé au président « pourquoi pensez-vous que je doive rester à l'école et continuer de m'instruire » ? Voilà ce qu'a répondu le Président : « Je suis heureux de répondre à votre lettre, pour deux raisons. La première est que j'espère pouvoir vous être utile, et la deuxième pour féliciter votre institutrice d'avoir eu l'initiative de vous encourager à poser cette question. Je pourrais me borner à faire ressortir les avantages matériels d'une bonne instruction et à vous dire qu'elle vous aidera principalement à obtenir une bonne place, etc. Mais tout cela, je suis sûr que vous le savez déjà. Un garçon ou une fille qui ne profite pas des occasions de s'instruire à l'école trouvera la concurrence difficile plus tard dans la vie. Je ne vais pas vous conseiller de vous bourrer la tête d'un tas de faits, car l'utilité réelle de votre instruction sera de vous aider à juger et à comprendre les faits et non pas d'en avoir beaucoup retenu. Le principal but de l'instruction, à mon avis, est d'enseigner à penser. » L'instruction nous aide à penser, à analyser, à raisonner, à faire la distinction entre ce qui est essentiel et utile. De même, elle nous aide à résoudre les problèmes et à en surmonter quelques-uns. Être instruit, c'est une porte ouverte vers la réussite. L'école est un lieu où vous pouvez acquérir l'instruction, c'est-à-dire la capacité à réfléchir et à raisonner. C'est le lieu de l'instruction. Dès la naissance, les premières leçons d'instruction commencent et se poursuivent dans la maison familiale. A partir d'un certain moment, l'école prend le relais, pour y ajouter des choses plus complexes que nous ne pourrons pas forcément apprendre à la maison. Mon père m'a inscrite à l'âge de 5 ans en CP. Et là-bas, j'ai commencé à apprendre à lire et à écrire. Au fil du temps, ma pensée s'est développée et je suis maintenant capable de réfléchir, d'analyser et de raisonner. Vous ne pouvez pas avoir du succès ou réussir dans la vie, si vous négligez l'instruction. L'instruction ouvre des possibilités dans la vie. Nous ne sommes pas appelés à faire tous les mêmes métiers, mais elle donne à chacun sa propre clé qui lui permettra d'ouvrir les portes qu'il désire. En analysant la réponse du Président à cette écolière, je souhaite revenir sur ceci : « Un garçon ou une fille qui ne profite pas des occasions de s'instruire à l'école trouvera la concurrence difficile plus tard dans la vie. » Le monde évolue à une vitesse à tel point que ceux qui ne mettent pas à jour leurs connaissances, deviennent obsolètes comme certaines applications. L'instruction est importante pour tous et à n'importe quelle période de la vie. Les bases de l'instruction que vous apprenez dès votre entrée à l'école vous permettront de mieux comprendre les choses les plus complexes plus tard. Ne négligez pas le temps que vous passez à apprendre à l'école ou ailleurs. Les connaissances apprises et acquises vous aideront à vous distinguer de ceux qui ont refusé d'apprendre. Les ignorants sont très vite démasqués, une fois sur le terrain de la concurrence. Toutefois, sachez que les employeurs recherchent des personnes talentueuses, qui représentent à leurs yeux, un avantage comparatif, pour des postes qui leur seront confiés au sein de l'entreprise. Aujourd'hui, la plupart d'entre vous, êtes à l'école élémentaire, au collège ou encore au lycée, sachez que la vie commence quelque part. Vous êtes montés dans le train de l'instruction, surtout assurez-vous de profiter du paysage, d'observer ce qui se passe dans le train, autour de vous et à l'extérieur. En étant vigilants, vous saurez mieux tirer les avantages de votre voyage. De l'élémentaire jusqu'au lycée, vous êtes dans un processus d'apprentissage, chaque geste compte, je le dirai mieux encore, ce que vous faites aujourd'hui déterminera ce que vous serez demain. Retenez l'essentiel et surtout ce qui est utile, car c'est la clé vers la réussite. Aujourd'hui, les choses que j'ai apprises ont été utiles, car je peux faire du soutien scolaire aux élèves qui sont même à l'école élémentaire, parce que tout cela est resté dans ma mémoire, de sorte que je peux le transmettre aux autres. Instruisez-vous, pour votre bien, mais aussi pour transmettre aux autres ce que vous avez appris. N'oubliez pas que votre rêve doit faire naître d'autres rêves ou les interpréter, nous allons mieux l'aborder à la fin : c'est le vingt-et-unième secret. Apprenez ou formez-vous maintenant que vous en avez le temps et les aptitudes. Un proverbe africain dit : "A un certain âge de la vie, la tête ne répond plus". Les gens vont plus loin et disent que les os de la tête s'endurcissent, et apprendre ou étudier devient difficile lors qu'on a dépassé un certain âge. Le temps est favorable pour vous en cet âge d'or, je vous en conjure : apprenez et rêvez. C'est un bel âge, rassurez-vous ! Vous pouvez tout apprendre, car vous en avez les capacités. Ne vous limitez donc pas dans la vie. Donnez-vous les moyens et le temps d'apprendre. Tout cela est possible grâce à une véritable organisation. Ne dit-on pas que « celui qui veut aller loin, doit ménager sa monture » ? Il faut être organisé, apprendre la diligence. L'organisation vous facilitera le travail et vous aidera à mieux vous concentrer sur ce qui est essentiel et utile.

Secret n° 7 : Etre organisé dans son travail

La tâche la plus ardue est souvent faite de l'accumulation de choses faciles qu'on aurait dû faire hier, la semaine dernière, le mois entier

John C. Maxwell

As-tu fait tes devoirs Tom, dit maman ? Je les ferai demain, c'est promis maman. Et ta chambre, demande à nouveau sa mère, l'as-tu rangé ? En soupirant, ouf…pas encore maman, je vais le faire après avoir terminé ma partie, répond-il. Vous comprenez par-là que Tom était occupé à jouer aux jeux vidéo. C'est souvent de cette manière que vous réagissez. Vous aimez passer du temps dans vos chambres, à jouer aux jeux, à la princesse, mais quand il s'agit de travailler ou de faire du rangement, en cet instant-là toutes les raisons affluent : Demain, plus tard, dans un petit moment, certainement pas aujourd'hui. Encore plus, quand il s'agit des devoirs, vous avez mille et une excuses à donner à vos parents. Et là on accumule les tâches qui au départ n'étaient pas ardues. John C. Maxwell a dit que « la tâche la plus ardue est souvent faite de l'accumulation de choses faciles qu'on aurait dû faire hier, la semaine dernière, le mois entier. » Le fait qu'on ait reporté l'accomplissement d'une tâche ou d'un devoir, on se retrouve avec une tonne de choses sous le nez et tout devient difficile pour nous. A mesure que vous ne mesurez pas les effets de votre négligence, des tâches que vous esquivez aujourd'hui, en les reportant, sachez que demain, vous n'éviterez pas de faire face aux conséquences de telles esquives. Tout ce que vous faites aujourd'hui ou négligez, vous rattrapera demain. Aujourd'hui, vous avez l'impression que le monde ne vous fait aucun reproche, mais demain il vous jugera à travers vos réactions, vos attitudes, vos agissements, qui, traduiront ce que vous avez été ou fait hier.

On peut classer les jeunes en quatre groupes :

1. Ceux qui n'attendent pas que les parents crient ou hurlent après eux. Ils sont dotés d'un esprit d'initiative.

2. Ceux qui attendent que les parents leur disent quoi faire.

3. Ceux qui ne font qu'après que les parents aient insisté plus d'une fois.

4. Ceux qui ne font rien et les parents doivent tout faire pour eux.

La jeunesse est une étape de la vie où les apprentissages sont indispensables pour accéder sans leurre à l'âge de la majorité et être capable par la suite de faire face aux aléas de la vie d'adulte. En fait, les mauvaises habitudes que vous laissez s'installer dans cet âge d'or, seront des mines qui vous pourriront la vie demain. Je souhaite que vous fassiez partie du premier groupe de jeunes. Être organisé vous aidera à atteindre de bons résultats. Ne remettez pas à demain, à moins que vous l'ayez déjà amorcé, ce que vous avez la possibilité de faire aujourd'hui. D'où l'intérêt de travailler de façon plus efficace en étant organisé dans votre travail. Planifiez ce que vous voulez faire, jour après jour. Pourquoi disposez-vous d'un agenda pour l'école ? C'est pour noter vos devoirs à faire dans la semaine. Cette manière d'organiser les devoirs, vous pouvez vous en inspirer pour votre travail à la maison. Qu'il s'agisse des devoirs ou d'autres tâches au quotidien, vous devez vous organiser si vous voulez réussir vos études, votre formation ou vos projets ; d'une manière générale, votre vie. Ce n'est pas que l'école est difficile, ou que vous n'avez pas le temps de travailler. Aussi, vous dites souvent que vous n'avez pas le temps de tout faire ou que le temps est trop court pour tout faire. Le problème n'est pas le temps, mais plutôt le fait que vous attendez trop longtemps pour faire vos devoirs ou accomplir vos tâches. Vous aimez souvent qu'on vous dise ce que vous devez faire. Vous aimez tout remettre à demain ou à plus tard et vous vous retrouvez submergé par des tâches qui au départ étaient insignifiantes.

Très jeune, j'ai appris à m'organiser. Je me souviens de Bernadette Musengezi, nous avions l'habitude de l'appeler maman Bernadette. Une dame très charismatique et d'une énergie remarquable. Cette rencontre opportune m'a beaucoup aidée pendant ma vie d'adolescente. Elle nous a enseigné un jour les cinq priorités à avoir dans la vie.

Elles se présentent comme ceci :

    1. Dieu

    2. L'école

    3. La famille

    4. L'église

    5. Les amis

En tant que jeune chrétienne dans la foi dans les années 90, elle avait constaté que nous accordions plus de priorité à l'église, et par conséquent nous négligions l'école. Elle nous a donné cet enseignement que j'ai appliqué tout au long de mes études. La première priorité, c'est Dieu, c'est-à-dire notre communion avec lui : l'obéissance à ses commandements, la prière, la méditation de la parole de Dieu. En tant que chrétien, elle nous a encouragés à vivre dans la crainte de Dieu. Ensuite, c'est l'école, étudier ou apprendre ses leçons. J'ai donc établi une véritable discipline dans ma jeunesse, au point où avant d'aller m'amuser avec mes amies, je devais d'abord apprendre mes leçons. Cette discipline m'a permis d'obtenir de bons résultats à l'école. Certaines de mes amies se demandaient comment j'arrivais à réussir aux examens alors que je passais mon temps à jouer avec elles. Cependant, ce qu'elles ne savaient pas, c'est que moi contrairement à elles, j'avais mis en place une organisation stricte que je suivais à la lettre, surtout pendant la période scolaire. C'est une discipline à laquelle je ne dérogeais pas. Je me disais toujours qu'avant les loisirs, je devais d'abord avoir une tête pleine et aller ensuite me distraire. Ce n'est qu'après ça que je pouvais me sentir plus libre de jouer avec mes amies. Ensuite, la relation avec la famille est tout aussi très importante, nous le verrons par la suite. Passer du temps avec sa famille est autant primordiale qu'autre chose. Les gens négligent la famille et pensent qu'ils trouveront d'autres moments à passer avec elle. Ils disent « demain je ferai ça avec un tel ». Mais demain ne nous appartient pas. Ce que vous n'aurez pas fait aujourd'hui avec votre famille, demain, ce n'est pas certain que vous le ferez. Alors, être organisé, c'est adapter une certaine méthodologie, une discipline de vie, pour atteindre des résultats tant espérés ou attendus.

La jeunesse n'exclut pas le fait d'aimer l'organisation ou la discipline, car ce que nous faisons aujourd'hui, ou négligeons de faire, nous rattrape éventuellement, comme a su le dire John C. Maxwell[8]. N'aimez pas dire demain je ferai, mais dites plutôt j'accomplis aujourd'hui cette tâche : Aimez le présent. Car le présent est le seul temps sur lequel nous avons un certain contrôle. Ne dit-on pas « celui qui remet toujours à demain, trouve malheur en chemin » ? La seule façon de l'éviter, c'est d'organiser son travail, l'accomplir maintenant et ne pas attendre demain. Car le langage de demain est souvent propre aux paresseux. Car ce dernier plonge sa main dans le plat, et il trouve pénible

---

[8] John C. Maxwell, 2008 : *Le talent ne suffit jamais. Allez au-delà de votre talent ? A vous de faire les bons choix.* Editions le mieux être, 301 pages.

de la ramener à sa bouche. Il dit souvent qu'il fera demain, mais demain, son langage ne change pas, on l'entend dire encore demain. Et le jour suivant, il dit encore demain, je ferai ceci. Il a dit, mais pour le faire, c'est une autre paire de manche. C'est ce qui arrive malheureusement, lorsque vous manquez d'organisation ou de discipline. S'accorder le privilège d'avoir des priorités ou de les établir, cela vous aidera à franchir les étapes de la vie en toute sérénité.

Secret n° 8 : Travailler de sorte à combler ses lacunes

Les lacunes sont comme des plaies, elles finissent par faire mal tôt ou tard, si on ne les soigne pas maintenant.

Annick IMBOU

Un jour, on a posé la question à un jeune : « Que fais-tu ? » Il répond à son interlocuteur : « Je réfléchis. » Deux ans après, on lui repose la même question : « Que fais-tu ? » Un peu agacé par la question, il répond : « Je réfléchis. » Réfléchir est une bonne chose, mais agir, c'est encore mieux. N'attendez pas, vous avez peut-être besoin d'aide ou d'un accompagnement pour combler vos lacunes. Les lacunes sont des plaies qu'il faut soigner, avec des traitements divers et variés. Avez-vous des difficultés dans une matière ?, la solution ce n'est pas de paraître aux yeux des autres comme connaissant tout, mais ayez l'humilité d'admettre que vous ne pouvez pas tout comprendre aussi bien qu'un surdoué. Vous n'avez pas tort d'avoir des lacunes, mais vous aurez davantage tort de les laisser dans cet état, sans pouvoir trouver des solutions pour les traiter.

La seule manière d'arriver à bout de ces maux qui nous font souffrir, c'est de travailler. Le travail est le seul remède contre ces plaies. Prenez le temps de vous asseoir, de tout mettre à plat, et décidez sur la méthode à employer ou trouvez une personne pour vous aider à éradiquer ces petites bêtes qui vous empêchent de vivre vos rêves. Il y a des surdoués, mais tous ne le sont pas. Vous avez donc intérêt à plonger vos regards sur ce que vous avez du mal à comprendre, d'autant plus que c'est important dans votre parcours. Je n'étais pas une surdouée, mais je mettais la barre toujours haute. Je voulais à tout prix réussir, en utilisant toutes les combinaisons possibles pour y arriver. J'avais l'habitude de travailler sur les choses que je n'avais pas comprises et je faisais de mon mieux pour atteindre un bon niveau de compréhension ; de sorte à réussir mes évaluations, ou être capable de me défendre, lors d'une interrogation. Je rassemblais toute la documentation que je pouvais trouver, pour arriver à comprendre. Souvent pour contourner cette difficulté, je me rapprochais des élèves dont je connaissais un peu le parcours et qui faisaient partie des meilleurs. Combler ses lacunes vous demande d'avoir de l'humilité. Plusieurs restent avec les leurs à cause de l'orgueil. Ils cachent leurs difficultés, alors qu'ils ont autour d'eux des personnes qui peuvent les aider. Dommage que le manteau de l'orgueil qu'ils portent, les empêche d'aller vers les autres. Ils sont tellement orgueilleux qu'ils ne veulent pas profiter de leurs aptitudes. « L'orgueil » dit John C. Maxwell, «est l'ennemi premier de la disposition à apprendre d'autrui ». Même un plus jeune que vous, peut aussi vous enseigner ou vous apprendre les choses que vous ne maitrisez pas. Soyez ouvert et humble pour obtenir votre ticket gagnant pour une vie réussie. Baltasar Gracian a dit : « Faites de vos amis des professeurs et mêlez les plaisirs de la conversation aux avantages de l'instruction. » Les amis ne sont pas là que pour les loisirs, les sorties voire les jeux, l'amitié peut vous apporter une valeur ajoutée. C'est à vous de savoir choisir vos amis comme je l'ai dit précédemment (voir le secret quatre). « Vous pouvez apprendre des autres, car tout ce que nous savons, nous l'avons appris de quelqu'un », affirme John Wooden. Personne n'a appris de lui-même, car avant nous, d'autres ont compris certains principes que nous avons le privilège d'utiliser aujourd'hui. C'est ce qui fait l'équilibre dans la vie. Ceux qui veulent réussir cherchent avant tout à améliorer leur talent, à travailler de manière à développer leurs aptitudes. L'internet est aussi là pour vous aider à trouver des réponses à vos questions concernant un sujet donné. Avec l'aide des parents, pour ceux qui ne maîtrisent pas l'outil informatique, vous pouvez vous faire aider par un adulte. Essayez encore, appliquez-vous, car au final vous y arriverez après l'effort. La réussite comme je l'ai dit, est un procédé, une méthode. Comme toute méthode, il faut des moyens, de l'effort, des stratégies, pour aboutir à des résultats. Sachez que les lacunes ne disparaitront pas toutes seules, il faut que vous vous impliquiez personnellement. Ce n'est pas par coup de baguette magique que les choses vont changer, mais c'est en investissant soi-même avec l'aide des autres. Remettre à demain, alors que vous avez le temps de les traiter maintenant, ce n'est pas une bonne façon d'agir ; car plus vous attendez des bonnes occasions pour le faire, plus il vous sera difficile de les trouver. Tout est question de prendre les initiatives, d'entrer en action, maintenant sans attendre. Etre conscient de ses lacunes, c'est déjà un premier pas, il ne faut pas s'arrêter à la seule prise de conscience, mais celle-ci doit vous conduire vers l'action. Ceux qui agissent valent mieux que ceux qui ont simplement eu l'intention de le faire. Avoir le désir de s'améliorer ne suffit pas, mais ce qui compte c'est à quel point vous le désirez véritablement : c'est la force du vouloir. Lorsqu'on veut s'améliorer dans une matière, on trouve toujours les moyens d'y parvenir. La lumière jaillira toujours quelle que soit l'obscurité. Vous finirez par comprendre, même si ce n'est qu'une infime compréhension. Votre volonté vous donnera au moins de voir cette petite lumière. Car, tout le problème réside dans notre manque de volonté de sortir de ces lacunes. En faisant du soutien scolaire aux jeunes de l'école élémentaire, j'ai vu des enfants qui ne savaient pas écrire. Lorsque j'ai commencé le soutien scolaire avec eux, ils écrivaient très mal. Mais avec la volonté et les encouragements, je les ai vus s'améliorer jour après jour. C'est un véritable progrès, car ils y ont mis de la volonté. Si vous voyez vos lacunes si grosses que vos aptitudes, vous n'arriverez pas à les surmonter. Mais au contraire, si vous vous considérez comme étant plus grand qu'elles, vous viendrez à bout de ce combat. La volonté a permis à plusieurs de remporter des batailles où ils étaient d'office déclarés vaincus. Celle-ci les a hissées en haut du podium, grâce à leur détermination à ne pas se laisser écraser par leurs difficultés. Un soldat ne peut pas déjà admettre sa défaite, s'il n'est pas encore allé sur le terrain combattre ses ennemis. Ne vous estimez pas vaincus, tant que vous avez encore un peu de ressource en vous, pour relever vos défis. Je vous invite à aller vers la fourmi paresseuse et considérer ses voies, afin de devenir sage. Vous savez que la fourmi connait bien son problème. Son problème, c'est qu'elle n'arrive pas à amasser en temps d'hiver à cause du froid. Comment procède-t-elle ? En fait, en été elle prépare sa nourriture, elle amasse pendant la moisson de quoi manger. Quand arrive l'hiver, elle peut maintenant vivre sa saison sans problème. Prenez conscience que vous avez des lacunes, et comme la fourmi, travaillez maintenant, de sorte à combler vos lacunes pendant que le temps est encore favorable.

Secret n° 9 : S'accorder des temps de loisirs

La vie est une suite de travaux, de devoirs qu'il faut remplir au milieu d'agitations et de vicissitudes de toute sorte. Ces travaux souvent pénibles ont besoin d'être coupés par de longs loisirs...

Rodolphe Töpffer

Autorisez-vous des temps de loisirs, faites une pause afin d'avoir des idées plus claires par la suite. Profitez du plein air, ne restez pas enfermé à l'intérieur. Vous avez besoin de plus d'oxygène, d'une bouffée d'air frais. Allez dehors, faites du vélo, allez dans des parcs, jouez avec les autres, sortez et partagez des moments agréables avec ceux que vous aimez, vos amis. La vie, ce n'est pas seulement le travail, mais les loisirs sont un arrêt d'activité, dans le seul but de se ressourcer. Ne restez pas trop enfermé, comme certains le font avec les jeux vidéo. Il est certain que les jeux rentrent dans ce temps de loisir, un moment de décompression. Mais très vite le jeu peut devenir une addiction plutôt qu'un loisir. L'addiction s'installe très vite, dès lors qu'on ne peut plus s'en séparer. Veillez à ce qu'un loisir ne devienne une addiction pour vous. Se permettre quelques moments de détente est un bon remède contre l'ennui et la difficulté du travail, voire la routine. Les parents doivent encourager leurs enfants à faire des pauses, plutôt qu'à les faire travailler comme des bêtes sauvages. Le rendement ne réside pas uniquement dans le fait de travailler sans se relâcher, mais d'"être aussi conscient du fait que l'Homme a besoin de liberté. Le loisir est le moyen de lui en assurer. C'est un temps où vous oubliez un peu les cahiers, les tâches habituelles, pour vous sentir comme volant sur un parachute. La sensation que l'on éprouve à ce moment est tellement agréable. Je me souviens des jeux de l'époque de mon adolescence. Nous jouions à la marelle, au saut à la corde, au jeu nommé "Dzango". Au Congo-Brazzaville, le Dzango est un sport collectif proche de la lutte. En fait, plusieurs personnes se rassemblent et forment deux équipes. Ils s'alignent chacun d'un côté et une personne de chaque équipe se place au centre pour jouer et marquer des points. Le jeu se pratique avec les mains et les pieds. Pour marquer un point, il faut jouer un pied opposé ou identique à celui de son adversaire, selon les règles définies au départ. Ce jeu a toujours été un grand événement dans les cours de récréation. Les gens supportent l'une ou l'autre équipe et l'encourage jusqu'à la victoire. Ce jeu est un véritable moment où les gens se réjouissent en oubliant leurs difficultés. J'ai vu se dessiner sur les visages de plusieurs enfants de ma génération, malgré la pauvreté, une joie indescriptible. J'ai compris que les jeux peuvent apporter tant de bonheur et faire oublier la rudesse de la vie. Née et grandie en Afrique, je n'ai pas eu l'opportunité de jouer avec des jeux mécaniques comme ceux que nous avons dans les parcs d'attraction ici en France ; mais les jeux comme le Dzango, à l'école comme dans le quartier, étaient notre passe-temps favori. Nous jouions aussi à la poupée, avec des boites de sardines, de tomates, comme ustensiles. C'était une époque agréable. Dans le sable chaud d'Afrique, nous nous divertissions avec des amis et échangions quelques jouets. Le foot était aussi un moment de détente ; je m'étais surnommée moi-même Maradona. J'aimais bien le foot et je marquais souvent des buts. Une jeunesse joyeuse marquée par la bonne humeur. Il n'y avait pas de téléphone portable ou Smartphone comme aujourd'hui. Nous avons vraiment profité des jeux de plein air. Contrairement à hier, aujourd'hui les jeunes s'enferment dans leur bulle, avec des téléphones. Le dialogue devient difficile, les loisirs se font en ligne, tous les jeux se font entre des personnes virtuelles et vous. Le plaisir est presque gâché, car il est virtuel. Le peu de temps où les enfants s'évadent, ce n'est que pendant les 15 minutes de récréation ou les temps de repas. Une fois rentré à la maison, les habitudes refont surface, les parents avec leurs jouets, les enfants avec les leurs, tout le monde Smartphone en main et voilà comment chacun arrive à se détendre, à s'octroyer un temps de loisir. Les échanges sont beaucoup plus virtuels et les enfants n'ont pas véritablement de temps de repos. Les écrans fatiguent leur mémoire et leurs yeux. On constate une certaine lassitude due à l'usage excessive des écrans. Les loisirs sont plutôt mieux vécus en période de grandes vacances d'été, or, on sait qu'à ce moment la mémoire ne travaille presque pas. Malheureusement, c'est là qu'on donne plus d'espace à la détente alors que les loisirs devraient nous être utiles au moment où nous sommes en activité, c'est-à-dire à l'école. Un temps de détente mérité après avoir fourni des efforts de réflexion. Dommage que ce n'est pas ce que nous voyons, c'est le contraire qui se produit. Des vrais loisirs, c'est ce dont vous avez véritablement le plus besoin pour vous ressourcer après tant d'efforts. N'attendez plus maintenant que vous le savez, autorisez-vous de vrais loisirs, car ce que vous espériez ne viendra peut-être pas. Vous êtes l'artisan de votre propre vie, ce que vous voulez, vous avez le pouvoir de l'obtenir, si vous le voulez vraiment. Marquez le pas, en saisissant des occasions pour vous évader ; profitez du plein air, de la nature, pour vous requinquer. Le loisir, c'est plus de rire, et moins de concentration. Sortir de la concentration que le Smartphone vous impose, pour un temps de liberté. Faites attention, ce n'est pas parce que internet est à votre portée que vous devez vous laisser asservir. Tout m'est permis, mais tout n'est pas utile. Joignez l'utile à l'agréable, par des loisirs, ceux qui ne vous privent pas de votre liberté. Votre jeunesse est précieuse, ne la bradez pas, pour vivre comme des reclus, mais jouissez de votre liberté. Le grand air est là pour vous, allez-y, laissez-vous tenter par des aventures à l'extérieur, à vélo, à pieds, en trottinette, en rollers, etc. Ce n'est pas mal agir, si vous faites une pause après un travail. Le repos est toujours bien mérité après un effort.

Secret n°10 : Profitez de chaque moment en famille

Profite de chaque minute de ta vie, sois heureux maintenant. N'attends pas pour te faire plaisir. Souviens-toi que le temps est vraiment précieux. Chaque minute que tu passes avec ta famille et tes amis doit être appréciée et savourée.

Earl Nightingale

Les plus beaux moments de la vie sont ceux que vous passez en famille, avec vos parents, vos frères et sœurs. Capitalisez et appréciez chaque moment avec eux. Créez et partagez des jeux, des fous rires, des blagues, pourquoi pas danser avec eux. Faites des recettes de cuisine, résolvez des énigmes ensemble. Rendez à vos parents ce qu'ils vous ont donné. Vivez les instants présents, car la vie est faite de surprises agréables ou désagréables. Profitez de chaque moment de plaisir avec votre famille. Arrêtez de blâmer vos parents. Les jeunes trouvent la famille ennuyeuse, à cause des règles ou des interdits. Je vous assure que toutes ces choses régulent les relations en famille et d'une manière générale, notre société. Une famille qui vit dans l'anarchie totale est d'office vouée à vivre que des mauvaises choses. Le désordre ne profite à personne. Bien au contraire, il crée une scission entre le présent et l'avenir. Une famille désordonnée reste confuse et ne peut pas réaliser grand-chose. Elle tournera en rond et aura l'impression que la vie est injuste. Au lieu d'accuser la vie, soyons conscients que très souvent nous sommes responsables de ce qui nous arrive. Une vie chaotique sans principes ou règles, de cette vie-là, il est difficile d'en espérer manger de bons fruits. Même le semeur avant de semer, prend la peine de respecter certaines mesures qui devraient lui permettre d'obtenir un bon rendement. Les règles sont importantes pour le bon fonctionnement de la famille. Ne les voyez pas comme un fardeau ou un joug, loin de là. Je n'ignore surtout pas les dérives qui peuvent exister au sein des familles. Cependant, l'ennui vient de la non acceptation des règles. Par contre, si elles sont bien acceptées, la vie de famille est un véritable délice. Chaque minute passée en famille, je peux dire qu'elle est précieuse. Je profite de vous parler d'un drame, pour vous montrer que vous devez vraiment savourer chaque moment avec votre famille et les désirer voire les créer vous-même. Cet après-midi-là, après avoir mangé un repas que je n'avais pas trop apprécié, je suis sortie jouer avec mes copines dans le quartier, une rue voisine à la nôtre. Ma mère avait l'habitude de faire son ménage au retour du travail, après avoir préparé le repas, donc vers la fin de l'après-midi. Ce jour-là, elle se trouvait à la maison en compagnie de mon frère qui avait à cette époque-là deux ans et mes nièces âgées de deux ans et quatre ans. Tous les grands étaient sortis. Quelques heures plus tard, une voisine m'interpelle pour me dire d'aller voir ce qu'il se passait chez moi. J'ai donc couru et malheureusement, je vois deux jeunes voisins porter une personne enveloppée sous des draps. On m'apprend que c'est ma mère. Elle venait de faire une crise cardiaque. Ce sont les cris des enfants qui se trouvaient avec elle, qui ont alerté les voisins. Le drame est arrivé ! La vie est faite de surprises tantôt agréables, tantôt désagréables. Et ce jour-là, j'ai revu toute la scène de la journée. Un repas de poissons que je n'avais pas apprécié, donc le temps que j'avais passé avec ma famille à table était antipathique. Une journée qui se termine par une nouvelle triste, celle qui vous fait regretter de n'avoir pas joui d'une minute avec ceux que vous aimez. Pendant qu'il est encore temps, acceptez mon conseil : Vivez pleinement et dans la joie, l'instant présent. Car l'instant d'après, malheureusement vous ne savez pas de quoi il sera fait. La famille n'est pas parfaite, mais l'unité en fait la force. Et cette unité se créée grâce au temps que nous passons ensemble. C'est ce qui consolide les liens familiaux. La force d'une famille n'est pas liée au nombre, bien qu'il soit une valeur importante, mais celle-ci se trouve plutôt dans sa capacité à nous réunir autour d'elle, et à nous apprécier malgré nos différences. L'ennui vient aussi du fait qu'on ne sait pas passer du temps avec la famille. Aujourd'hui, les gens sont plus connectés à leurs écrans qu'à leur famille. Les réseaux sociaux, internet, ces choses sont entrain peu à peu de refroidir les relations familiales. Nous parlons plus à nos écrans qu'entre nous. Même à table, les écrans sont présents, et les repas sont très vite avalés afin d'aller se replonger dans l'univers virtuel. La communication au sein de la famille devient presque rare, on ne se parle quelques fois que pour demander où se trouve telle ou telle chose. Bien évidemment, aussi lorsqu'il faut qu'on vous invite à venir vous mettre avec les autres lors des repas. Sans nous en rendre véritablement compte, la famille s'amoindrit, on se parle de moins en moins, on ne s'écoute presque plus, car nous avons prêté nos oreilles aux personnes que nous suivons en ligne. L'internet est une révolution, mais ses dangers ne sont pas à négliger surtout en ce qui concerne la communication au sein de la famille. La Covid 19 a permis de renouer un peu avec nos habitudes d'antan. Malgré les revers de cette crise sanitaire, les gens contraints de passer des heures ensemble ont été amenés à créer des activités pour passer le temps en famille. Nous avons entendu des personnes témoigner que le confinement était un bon remède pour leur famille. Cependant, nous ne pouvons pas compter que sur des crises pour considérer la famille ou profiter d'elle. Vous devez créer des occasions pour échanger en famille, car ce sont des moments qui ne reviendront pas, après que vous les ayez ratés. Rater son train est moins grave, mais passer à côté des opportunités que vous auriez pu partager avec votre famille, c'est encore plus dramatique. Profitez maintenant, car demain ne nous appartient pas, mais surtout que nous ne savons rien du lendemain. Nous ne sommes que des personnes à qui on offre des opportunités au présent. Le présent est pour nous. Dire « je me rattraperai demain », qui sait de quoi sera fait ce lendemain ? La vie se vit mieux au présent, car nous en avons le contrôle. Mais demain ne nous est pas encore soumis. Donc, les jeunes, n'attendez pas, profitez du présent avec la famille, en particulier avec ceux que vous aimez. Cette mère ou ce père qui est encore à vos côtés, je vous en conjure, profitez de sa présence. Ce frère ou cette sœur, ne voyez pas seulement son côté ringard, mais il y a en chacun de nous, une belle personne qui sommeille en nous. Ne vivez pas avec un sentiment de regret. Regret de n'avoir pas suffisamment souri, passé du temps, vécu, avec ceux qui nous aiment. Evitez de rester avec le sentiment de n'avoir pas su capitaliser ce temps précieux. Cependant, que feriez-vous s'il ne vous restait qu'une minute à passer sur la terre aux côtés des personnes que vous aimez et qui vous aiment ? Je vous laisse découvrir la réponse à cette question dans les pages suivantes. Ne vous arrêtez donc pas ici, continuons notre voyage. Allons au prochain secret ensemble.

Secret n° 11 : Dites-le aujourd'hui, n'attendez pas demain

Tom, ce que je n'ai pas pu te dire, c'est que la différence est une identité universelle.

Hiro

Nous faisons souvent partie de ceux qui attendent des belles occasions pour nous exprimer. Nous essayons d'arranger la voix, notre stature ou que sais-je encore pour dire les choses. Ces mots-là, dites-les aujourd'hui, demain ce sera peut-être trop tard. « Papa, je t'aime », « maman je t'aime ». Ces mots qui pour certains sont si faciles à prononcer, par contre pour les autres, c'est encore plus difficile. Hiro en a fait l'expérience. Elle a été embauchée dans un institut médico-éducatif qui accueille des jeunes handicapés. Mère de deux enfants, elle arrive dans cette structure avec des appréhensions, mais très vite elle va se lier d'amitié avec un jeune. Elle ne pouvait échanger avec Tom que des regards, des gestes affectueux à cause de son handicap. En fait, le jeune Tom avait une déficience intellectuelle et physique. Cette amitié a apporté beaucoup à Hiro, qui s'est rendue compte qu'elle s'était enfermée dans une prison dont elle était elle-même le geôlier. Avec le temps, elle s'en libère et considère qu'elle est aussi porteuse de différence. Ces mots qu'elle n'a pas pu dire à Tom, à cause de cette barrière, les voici : « Tom, je n'ai pas pu te dire que nous baignons tous dans un même fleuve, qui porte un seul nom, la différence. » L'histoire de Tom est singulière, car Hiro pouvait dire ces mots à ce jeune garçon, mais il y avait entre eux quelque chose qui rendait la communication difficile. Mais dans le cas contraire, il est important de dire les choses, de peur de ne plus avoir une autre occasion. Lorsque j'ai parlé de cet aspect lors d'une réunion avec les jeunes, les langues se sont déliées. Certains ont dit qu'ils disaient souvent à leurs parents qu'ils les aimaient. Par ailleurs, d'autres ont avoué qu'ils n'arrivaient pas à le faire. On pouvait voir la douleur sur le visage de ces jeunes, victimes de trop de paroles méchantes, de mauvais traitements de la part de leurs parents. Ces choses ont refroidi le cœur de ces adolescents. Ils m'ont témoigné en disant « Je n'y arrive pas, c'est trop dur. Et même si je le dis, ce ne sera que du mensonge, il n'y aura aucune vérité dans mes paroles», déclare une jeune. Ici, je ne vais pas m'adresser aux adolescents, bien que ce livre leur soit particulièrement dédié. Je veux nous parler à nous, parents. Rick Joyner a dit : « Ce n'est pas aux enfants d'être des parents, mais c'est aux parents de devenir des enfants. » Nous cherchons, la plupart du temps, à amener nos enfants à vite devenir des adultes, comme si nous cherchions à nous en débarrasser. Nous ne cessons de leur répéter : « Tu es assez grand ! »Effectivement, ils ont grandi, mais pas au point de les faire porter toutes les charges ou les responsabilités. Ce ne sont, a priori, que des enfants, qui ont besoin de notre affection, d'une attention particulière. Ils ne sont pas nos égaux, donc pas besoin de faire porter sur eux trop de responsabilités. Un jour viendra où ils deviendront des adultes et finiront par partir, si c'est cela notre souci majeur. Mais pour l'instant, ils sont capricieux, lents, mais surtout, ils sont jeunes. Laissons-les profiter de leur jeunesse, car ils ne reviendront pas en arrière. Acceptons quelques erreurs de leur part, car c'est en les commettant, qu'ils acquièrent leurs propres expériences. Ne cherchons pas à définir les erreurs qu'ils ne doivent pas commettre. Instruisons-les afin qu'ils marchent simplement dans la bonne voie. Un enfant qui est maltraité finira par s'éloigner de ses parents ou par s'isoler. On peut entendre ceci de la bouche d'un enfant : « Quand je serai en âge de partir, je partirai d'ici. » Vivre avec ses parents est devenu, la mer à boire pour certains enfants qui ont été blessés par eux. L'enfant n'éprouve plus la joie de la vie en famille. Il souhaite s'en aller à la première occasion, dès que celle-ci se présentera. Voyez-vous comment, nos façons d'agir vis-à-vis de nos enfants, peuvent détruire leur vie. Ce jour-là, je n'ai pas pu ramener les jeunes à la raison. Mais ce que j'ai entendu m'a rappelé des choses que j'avais moi-même vécues. Je ne blâme pas pour autant les enfants, mais j'en appelle au bon sens des parents, car souvent le pire est à venir. Dites-leur maintenant, ce secret est valable aussi bien pour les parents que pour les jeunes. En fait, les adolescents avec qui j'ai échangé ont exprimé leur désarroi vis-à-vis de leurs parents, qui malheureusement n'ont aucune confiance en eux et les traitent de façon abusive. Il arrive également que les jeunes gardent en eux le poids des mauvais traitements subis. Ils le manifestent soit en s'isolant des autres, soit en développant de la violence à l'égard des autres. Nous devons considérer et écouter nos enfants, au lieu de les traiter de « menteurs »[9], comme je

---

[9] Joseph Joubert affirme que « les enfants ont plus besoins de modèles que de critiques».

l'ai entendu de la bouche des jeunes qui m'ont partagé leurs douleurs. Prenons le temps de dialoguer avec eux. Echangeons et partageons des moments avec eux. Le temps passe vite, au risque de se retrouver à regretter, parce que les enfants ont grandi et le moment de quitter le cocon familial et d'aller former le sien est arrivé. Je suppose qu'ils ne le voudraient pas, à l'image de celui qui les a fait pousser tant de soupirs. Ne laissons pas l'amertume se développer dans le cœur de nos enfants en ce qui nous concerne. Car le temps ne guérit pas toujours les blessures. Il peut les atténuer, mais la douleur reste là, tant que cet enfant ne rencontre pas l'amour de Dieu. Parmi les choses que les parents doivent éviter, c'est de blesser leurs enfants. L'instruction et l'éducation ne doivent pas se faire à coup de fouet, mais dans la douceur et la patience. N'oublions pas que nous étions comme eux, quelques années en arrière. Aidons-les à traverser cette étape sans leurre et à tendre peu à peu vers la majorité. Jesper Juul dit qu' « un enfant blessé ne cesse pas d'aimer ses parents, mais il cesse de s'aimer lui-même ». Pour lutter contre ces choses, créons un climat de confiance et de sérénité, car c'est ce qu'attendent nos enfants, même s'ils ne l'expriment pas avec les mots justes. Ce n'est que comme cela, que ces mots si simples sortiront des cœurs joyeux et libérés de toute angoisse. Car, on ne donne que ce qu'on a. Un cœur joyeux donnera la joie, mais le cœur triste ne vous offrira que de la tristesse. C'est à nous de choisir quelle relation nous voulons avoir avec nos enfants. Est-ce une relation tyrannique ou une relation de confiance ? Le choix nous incombe. Mais je conseille plutôt une relation de confiance, car elle est plus philanthrope qu'autre chose. Elle est porteuse de valeurs et d'altruisme. Car un jour, nos enfants nous rendront le respect et les tendres soins que nous aurons eus pour eux. « Car si nous sommes de bons parents, nous n'aurons pas des enfants ingrats », comme l'a affirmé Louis-Auguste Martin.

Secret n° 12 : Faites confiance à vos parents

Les parents sont la semence de l'enfant et la terre dans laquelle, il pousse

Martin Gray

Je ne parlerai pas de la confiance en soi, je l'aborderai plus loin dans un autre secret. Mais ici, il est question de faire confiance à vos parents. Ils sont dignes de confiance dès lors que cet environnement a été créé autour de vous. La confiance n'est ni une sensation, ni une émotion, ni une impression, ni une idée, encore moins une pensée. Comme l'amour, je conçois la confiance comme une position que l'on adopte ou que l'on peut avoir vis-à-vis d'une personne. Ce choix ou position est basé a priori sur la personnalité et les paroles de vérité, qui caractérisent cet individu. Mouctar Keïta dit : « Est digne de confiance une personne dont l'acte est constamment en conformité avec la parole donnée. » Vos parents construisent peu à peu cette confiance. Car elle ne vient pas du néant, elle est semblable à un édifice que l'on bâtit avec le temps. Vos parents vous font des promesses, qu'ils essaient tant bien que mal à tenir. Ils prennent soin de vous et vous encouragent à vivre vos rêves. Ils vous aident à réaliser certains comme par exemple lorsque vous avez rêvé d'aller à Disneyland. Un jour, le rêve est devenu réalité. Vous avez rêvé d'une PlayStation, et un jour vous l'avez trouvée sous le sapin. Toutes ces choses sont des éléments qui participent à créer cette confiance. Et en retour, ce qu'ils espèrent de votre part, c'est de leur faire aussi confiance. Rappelez-vous lorsque vous aviez entre deux ans et six ans, en rentrant de la crèche ou de la maternelle, vous racontiez votre journée à votre maman ou à votre papa. Imaginez l'enthousiasme que vous aviez, lorsque vous rentriez à la maison et commenciez à raconter votre journée. C'étaient des moments de bonheur que vos parents vivaient avec vous. C'est vrai qu'avec le temps, comme je l'ai fait remarquer dans le précédent secret, ces moments deviennent de plus en plus rares, parce qu'ils ont malheureusement été remplacés par les écrans. Vous filez vous connecter plutôt que de raconter à vos parents ce que vous avez vécu dans la journée. Le temps ou les circonstances ne doivent pas ruiner ces moments de convivialité, car c'est à partir de là que naît peu à peu la confiance. Les parents sont la semence et la terre dans laquelle vous poussez. Votre croissance en dépend et cela va de soi avec votre réussite. Les parents vous aident à vous construire grâce à l'instruction et aux conseils qu'ils vous apportent au quotidien. « Enfants », dit la Bible, « écoutez l'instruction de votre père et suivez le conseil de votre mère ». Pour aller loin dans la vie, il faut avoir un modèle. Et le premier que vous avez, ce sont vos parents. Vous vous construisez en les regardant faire ou agir, mais surtout en vous confiant à eux, afin de réussir chaque épreuve de votre parcours. Sachez qu'ils ont traversé le désert avant vous et savent où se cachent les serpents ou les scorpions venimeux. Ils savent également où se trouve l'oasis qui peut vous aider à vous désaltérer pendant votre marche. Car la vie n'est pas toujours rose. Vous devez avoir autour de vous des personnes qui vous aident à supporter les coups durs ou les épreuves de la vie. Vous avez des défis à surmonter, ils sont inévitables. Il vous faut des personnes en qui vous avez le plus confiance et leur partager vos difficultés, vos angoisses, vos inquiétudes, vos peurs, et enfin vos doutes. Un proverbe africain dit : Les parents ont vu le soleil avant vous. Donc ils peuvent vous apporter plus que vous ne l'imaginez. Leurs conseils sont un trésor inestimable. Ils représentent cette force dont vous aurez toujours besoin dans la vie. Ne les négligez pas ! Vous ne pouvez pas aller seul au combat sans les armes utiles pour affronter vos ennemis. L'une des armes dont l'efficacité n'est plus à prouver, c'est la présence à vos côtés de vos parents ou des personnes dignes de confiance. La vie est un combat, qui ne connaît que quelques moments de trêves, qui peuvent être de courte, de moyenne, ou de longue durée.

Mais dans tous les cas, il faut avoir des personnes qui sont non seulement vos parents, mais surtout vos mentors[10]. Vous avez une ferme confiance en ces personnes et vous pouvez compter sur elles, à n'importe quel moment. Les parents sont là pour la vie, seule la mort peut nous séparer. Mais tant qu'il y a la vie, faites-leur confiance, ils peuvent mieux vous orienter dans vos choix. Faire confiance à quelqu'un qui en est digne, c'est se mettre sous son abri. La confiance crée un espace de sécurité où vous pouvez simplement vous y placer, à l'abri du danger qui vous guette. La confiance que vous devez avoir à l'égard de vos parents n'est pas une option pour la réussite, mais elle se trouve être *l'option*. Vous ne devez pas choisir entre leur

---

[10] Un mentor est une personne qui enseigne, guide et élève les autres en raison de son expérience et de sa perspicacité.

faire confiance ou pas du tout. Je vous conseille de le faire, si vous voulez aller loin. Le silence ou le fait de garder tout pour soi, ne fera que vous éloigner et croire que personne ne s'intéresse à vous. Sachez que vos premiers fans, lorsque vous montez sur scène, ce sont vos parents. Ils vous applaudissent même dans la pénombre de la pièce de théâtre. Ce sont eux qui vous acclament plus que les autres. Ils vivent avec vous vos émotions, je dirais plus encore, qu'ils ressentent ce que vous éprouvez, parce que cela les touchent particulièrement. Ils resteront à vos côtés, même lorsque tout le monde vous abandonnera. La considération ou l'amour qu'ils ont pour vous n'est pas celui que le Pasteur Mohammed Sanogo qualifie « d'amour pouletique » ou l'amour de poulet. Selon lui, nous aimons le poulet à cause de ce qu'il nous procure lorsque nous le mangeons. C'est donc à l'image des personnes qui sont en dehors de votre famille, ils vous aiment lorsque vous gagnez. Cette victoire leur procure à eux, une sensation de plaisir. Ils se moquent de comment vous y êtes parvenu ou quels ont été les sacrifices que vous avez consentis pour arriver à décrocher cette victoire. Cependant, lorsque vient le jour où vous ne leur procurez plus ce sentiment tant attendu, ils vous jettent comme des vielles chaussettes. Par contre, vos parents seront toujours là dans les bons et les mauvais jours. Qu'il fasse chaud ou froid, sec ou humide, qu'il vente ou qu'il pleuve, ils vous supportent, même lorsque vous perdez ce jour-là. Ils comprennent bien qu'on ne gagne pas toujours à tous les coups. L'échec est un wagon parmi les autres dans la locomotive de la vie. Nous le traverserons toujours à un moment donné, soit pour aller aux toilettes, soit pour aller nous rafraichir, soit pour nous dégourdir les jambes pendant le voyage. Soyez certain, que vous passerez toujours par ce wagon, à un moment donné de votre vie. Mais la traversée sera moins douloureuse, si vous savez sur qui vous appuyer en cas de secousse. Imaginez que vous êtes face à un trésor et vous choisissez de ne rien prendre, en espérant qu'une autre occasion se présentera. Erreur fatale ! Ceux qui attendent des belles occasions, finissent par ne pas les rencontrer sur leur chemin, car la vie est faite de saisons. Quand elle vient à vous et si vous n'en saisissez pas l'opportunité, vous devrez attendre peut-être une dizaine d'années plus tard. Faites confiance à vos parents, maintenant, cela vous évitera de tomber entre les mains des personnes malveillantes qui détectent les âmes faibles et tentent de les désorienter. Ne laissez pas des personnes « dangereuses », profiter de votre faiblesse, pour vous gagner à leurs évangiles. Ayez une ferme confiance en vos parents et ne laissez personne s'entremettre entre vous et eux. Que ce lien soit consolidé grâce à un échange permanent. Gardez le lien avec votre famille ou toute autre personne digne de confiance en échangeant sur votre quotidien, vos défis, dans le seul but de vous laissez accompagner et encourager par elle.

Secret n° 13 : Confie-toi en Dieu

Quand on tourne vers lui le regard, on est rayonnant de joie, et le visage ne se couvre pas de honte

Psaumes de David

Je ne vais pas vous contraindre à croire en l'existence de Dieu, mais je souhaite que la nature elle-même vous enseigne à ce sujet. Les scientifiques ont leurs théories. Mais pour ma part, je reconnais que l'univers dans sa globalité n'est pas le résultat d'un big bang. Même si big bang il y a eu, cela n'a pas été fait sans Dieu. Il y a un Dieu qui existe et nous écoute ; il nous voit et vient à notre secours, lorsque nous l'appelons. Alors que je n'avais que quinze ans, j'ai fait cette expérience-là. J'avais compris que je ne pouvais pas continuer à ignorer son existence, malgré tout ce que les scientifiques, philosophes, disaient à son sujet. Je suis arrivée à la conclusion suivante : Dieu existe. Cela ne dépend pas de ce que nous croyons ou ne croyons pas, l'univers confirme son existence. Dès lors, ma foi en l'existence d'un Dieu créateur de l'univers s'est affermie. Et je suis convaincue qu'il est le créateur de toutes choses. Je crois en lui, et la Bible affirme que « celui qui se confie en lui ne sera jamais confus ». Depuis que j'ai cru en lui, quels que soient les obstacles ou les défis auxquels j'ai été confrontée dans ma jeunesse ; grâce à Dieu, j'ai pu les surmonter. Pendant que les autres sont stressés ou paniqués devant les difficultés, je suis toujours restée confiante et apaisée. J'ai pu réussir ma scolarité sans trop de difficultés, parce que j'avais une ferme confiance en Dieu. J'ai commencé à lire la Bible et j'ai découvert des vérités qui m'ont beaucoup aidée dans ma jeunesse. Malgré les pressions que j'ai eu à vivre en tant que jeune, j'ai puisé ma force en lisant ce livre aussi riche et bonifiant. J'ai pu vaincre les passions de la jeunesse qui guettent la plupart des jeunes. J'ai fait des erreurs comme tous les jeunes de mon âge à cette époque-là, mais je suis revenue sur le droit chemin grâce à ce que j'ai appris sur Dieu et ses commandements. J'ai commencé à me conformer à ce que je lisais dans la Bible et ce qu'on m'enseignait au fil du temps. Ce message peut sembler incompréhensible pour certains, mais ce que j'essaie de vous dire, c'est de vous confier en Dieu. Comment ? C'est simple, commencer par reconnaître qu'il existe et que ce que dit la Bible est vrai. Ensuite, vous pouvez par une prière simple, lui demander de vous venir en aide. Il faut souligner qu'il y a des personnes qui perdent courage lorsque les choses deviennent dures. Mais, j'ai pu surmonter tant d'épreuves grâce à ma foi en Dieu. Vous pouvez vous appuyer sur la richesse de votre famille, votre intelligence, vos savoirs et vos connaissances. Cependant, un jour dans la vie, toutes ces choses ne seront pas d'un grand secours pour vous. C'est à ce moment-là que vous saurez que vous avez besoin de plus que ce que vous avez. La jeunesse est un âge très critique, plusieurs perdent le nord ou du moins sont entrainés sur des mauvais chemins par l'influence des mauvaises fréquentations. Connaître les principes et les commandements de Dieu, vous épargnera de tomber dans les tentations de ce monde en pleine mutation. Ce monde où il y a d'énormes attractions, des penchants de tout genre, qui peuvent vous désorienter et vous faire rater le but de votre vie. Par conséquent, la foi en Dieu peut vous permettre de résister et ne pas vous laisser asservir ou vaincre par ces choses. Lorsque vous vous retrouvez du mauvais côté, malheureusement, ce qui arrive, c'est l'humiliation. Vous vivez une jeunesse marquée par la honte. On peut entendre des déclarations telles que cet enfant est une honte pour la famille parce qu'il est plongé dans plusieurs vices. Il s'est laissé asservir par les tentations de la jeunesse. Cependant, la confiance en Dieu rendra nos sentiers droits. Reconnaître Dieu dans ses voies, c'est un gage de réussite. Car vous ne serez pas tentés de vous comporter comme les autres. Mais vous marcherez dans le respect des principes, des lois divines et humaines. Vous serez témoin d'une grande déférence pour vos parents, ainsi que pour vos autorités. A présent, laissez-moi finir par vous partager en détail mon témoignage, que j'ai déjà commencé à évoquer dans les précédents secrets. A l'âge de dix ans, j'ai perdu ma mère. J'ai vécu beaucoup d'années dans le rejet. Je ne croyais plus en moi. Je disais que la vie était injuste de m'avoir arraché ma mère. J'étais une enfant très extravertie, mais avec le temps je me suis recroquevillée et j'ai commencé à ressentir un véritable vide. Les choses se sont dégradées dans ma famille, les privilèges que nous avions autrefois, nous les avons tous perdus. La vie est devenue amère. J'ai grandi dans cet environnement où même m'habiller était devenu difficile. Ne parlons pas du manger, les repas se raréfiaient à la maison. Un vrai parcours du combattant. Un soir alors que je me promenais dans le quartier en Afrique, j'ai fait la rencontre d'un jeune garçon. Il a commencé à me parler de

Dieu. Il m'a fait comprendre que Dieu m'a aimée avant même que je ne vienne au monde. Malgré ce que j'ai vécu, il a prouvé son amour en envoyant son Fils Jésus-Christ, mourir à la croix pour nous, afin de nous sauver. Ce message du salut m'avait énormément bouleversée. Moi qui vivais le rejet, j'ai compris que Dieu était amour et qu'il ne me jugeait pas, malgré la manière dont j'avais vécu ma vie jusque-là dans l'ignorance. Ce soir-là, j'ai donc décidé de croire en l'existence de ce Dieu d'amour. A partir de ce jour, tout était devenu différent dans ma vie. Avant de rencontrer ce jeune, je venais aussi d'avoir les résultats de mon brevet. J'avais malheureusement manqué mon brevet. J'avais très mal vécu cet échec. Le message de ce jeune garçon m'avait fait un grand bien. J'avais été réconfortée. Et j'avais commencé à lire la Bible, à prier et à fréquenter une église. Mes fréquentations avaient changé, j'avais plus de plaisir à rester avec des jeunes qui marchaient dans la droiture et le respect des principes divins. Plus j'évoluais dans ma foi en Dieu, et vivais dans cette confiance, plus je réussissais ma scolarité du collège jusqu'à l'université sans trop de peine. La chose la plus merveilleuse, c'est que je ne cédais pas à la panique, j'avais une ferme confiance en Dieu, lorsque je préparais mes examens. Et la réussite était toujours au rendez-vous. Je suis consciente qu'en lisant ce livre, peut-être vous vous trouvez dans une situation similaire, laissez-moi vous encourager à faire ce premier pas vers Dieu. Peut-être qu'on vous a dit que Dieu n'existe pas, parce qu'on ne le voit pas. Je vous rassure que même les grands philosophes, malgré les théories qu'ils ont défendues, la plupart sont arrivés à la conclusion, qu'il y a une force qui nous dépasse ; il y a un Être suprême qui est au-dessus de nous. Aujourd'hui, même si la solitude vous ronge, parlez à Dieu. Ce n'est pas compliqué, si vous êtes dans votre chambre ou dans un endroit quelconque, trouvez un lieu plus calme, ouvrez votre bouche et dites simplement : J'ai appris que tu existes, j'ai besoin de toi. Je ne sais pas ce qu'il se passe dans ma vie. Ma vie ne me plaît pas, je te prie de m'aider et de me secourir. Car je ne sais que faire, maintenant. J'ai besoin de toi. Si vous faites cette prière, je vous assure que quelque chose va se passer et vous verrez par la suite un changement. Je vous invite à vous procurer une Bible, afin de faire la connaissance de ce Dieu. Même si vous vous êtes éloigné, en suivant des voies obscures, je vous assure que Dieu ne vous juge pas, Il est amour. Faites cette démarche et vous verrez ce changement. Vous vivez peut-être dans la rébellion et vos parents ne vous supportent plus. Vous le savez et vous vivez mal cette situation, sachez que tant que vous respirez, vous pouvez encore changer les choses en votre faveur. Vous ne pouvez pas changer votre passé, celui sur lequel le monde s'appuie pour vous rejeter et vous condamner. Mais vous avez le pouvoir de décider sur votre présent et votre futur. Vous avez le choix aujourd'hui de vous abandonner entièrement à Dieu ou de continuer à compter sur vos propres forces. La vie est un choix. Vous serez la personne que vous décidez d'être aujourd'hui. Votre futur dépend de la manière dont vous vivez votre présent. Si vous n'aimez pas ce que vous êtes aujourd'hui, ce livre a été écrit pour vous. Pour vous aider à faire de bons choix et à revenir sur les voies de la réussite. Vous ne pouvez pas réussir, si votre vie est chaotique. Mettez-y de l'ordre. Je vous conseille de le faire pendant que le temps vous est encore favorable. Vous n'êtes pas tombé sur ce livre par hasard. Je ne crois pas au hasard, je crois que Dieu vous connait et en lisant ces quelques lignes, il vous donne l'occasion de prendre conscience que cette vie de fils ou de fille rebelle qui vous colle à la peau, n'est pas ce que Dieu veut pour vous. Vous avez porté cette identité longtemps et le cœur de vos parents saigne à cause de cela. Une occasion vous est donnée de demander à Dieu de vous sauver et de vous aider à revenir sur la bonne voie. Ne vous méprenez pas, vous n'êtes pas le fruit d'un hasard, vous êtes connu de Dieu. Il vous connait même si vous ne le connaissez pas. Faites-lui confiance maintenant que l'occasion vous est offerte. Ne terminez pas ce livre sans faire cette démarche. Ne remettez pas à plus tard ce que vous pouvez faire aujourd'hui. Votre jeunesse est précieuse, n'assistez pas à sa destruction sans réagir.

Secret n° 14 : Fuir les passions de la jeunesse

Jeune homme, réjouis-toi dans ton adolescence, livre ton cœur à la joie durant ta jeunesse, marche en suivant les voies de ton cœur et les regards de tes yeux. Mais sache que pour tout cela Dieu t'appellera en jugement

Roi Salomon_L'Ecclésiaste

La jeunesse est souvent associée à la folie et à l'inconscience. Elle est fragile. La naïveté à cet âge d'or fait que plusieurs jeunes se laissent séduire par diverses tentations. En voulant ressembler à tout le monde, à goûter à la vie, ils tombent dans des mauvaises passions qui n'ont pour but que de les détruire et de tuer leur vision. Il faut dire qu'il existe de bonnes et de mauvaises passions. Ici, je ne parlerai particulièrement que des mauvaises passions. Car elles vous empêchent d'atteindre votre but dans la vie et de surcroît de réussir. J'ai vu des jeunes talentueux tomber entre les mains de mauvaises personnes et se retrouver à vivre une vie qu'on n'avait pas imaginé les voir vivre. Ladyn était un garçon très intelligent. Il aimait le foot et excellait dans ce domaine. Mais avec le temps, il s'est lié d'amitié avec des mauvaises personnes et a commencé à mal se comporter à l'école et dans sa famille. Très vite, les choses ont commencé à mal se passer pour lui, il a commencé à commettre des petits vols, des actes délictueux à l'école, avec une bande de copains. De l'enfant sage qu'il était, il est devenu rebelle et agressif. Il a commencé à fréquenter des jeunes déscolarisés et s'est lui-même retrouvé à faire l'école buissonnière. De petits vols, il s'est retrouvé à commettre des vols en bande organisée dans des résidences pavillonnaires. Il a abandonné l'école et le foot suite à une blessure. Il a été placé plus tard dans un centre éducatif fermé pour jeunes délinquants. Après le temps passé dans ce centre, il est sorti au bout de 3 mois. Une nouvelle fois, Ladyn a récidivé, commettant des actes plus graves. La police l'a arrêté en possession de drogue et d'une importante somme d'argent. Entre-temps, il avait atteint l'âge de la majorité, et il a été incarcéré. Aujourd'hui, il purge encore maintenant une peine de plusieurs années. La drogue, le vol, l'addiction aux jeux, le sexe, etc., restent en soi des passions qui nuisent à votre vie et à votre bien-être et vous empêchent de réussir. La chose que vous devez faire, c'est de fuir les passions de la jeunesse. Cela vous tente, mais quand résister n'est plus possible, la seule solution qu'il vous reste, c'est la fuite. Il est clair que les tentations sont là, vous n'êtes pas épargné, mais vous avez le choix entre vous laissez asservir ou faire le choix de dominer ces choses. Comme je l'ai souligné dans le secret n°4, il faut savoir choisir ses amis ou ses fréquentations. Le piège vient souvent des personnes que nous fréquentons. Les mauvaises compagnies corrompent les bonnes mœurs. Ladyn a été séduit et entrainé par de mauvais amis. A vouloir tout avoir dans la vie, on finit malheureusement par tomber dans le piège des mauvaises passions. Ces jeunes qui ne savent pas se contenter de ce qu'ils ont ; ils envient tout et veulent à tout prix les avoir, même à n'importe quel prix. Ils sont prêts à voler, à se prostituer pour certains parce qu'ils veulent, par exemple, la dernière paire de baskets à la mode. Ils se livrent au vol pour paraître devant les gens comme s'ils venaient de familles aisées. Pour ce faire, ils sont prêts à braver les interdits pour paraître beaux et élégants devant les autres. Et petit à petit, le piège se referme sur eux, ils se retrouvent à voler dans les superettes, des lieux inimaginables pour satisfaire leurs envies. Les passions nous éloignent peu à peu de notre but.

Malgré le talent que vous pouvez avoir, lorsqu'il est associé aux mauvaises passions, les deux ne font pas bon ménage. Ces passions finissent par étouffer votre talent, voire à l'enfouir là où personne ne pourra le voir. Dans le cas de Ladyn, vous avez vu combien le talent a été enveloppé sous les sales draps de la drogue et des vols. Ce que les gens voient, ce n'est que la saleté de vos passions, qui laissent les gens sceptiques en ce qui vous concerne. Si elles contribuaient à votre réussite, je vous dirais : Allez-y à fond. Mais comme ce n'est pas le cas, je vous conseille plutôt de les fuir ou les éjecter de vos vies. La drogue ne vous apporte que des malheurs. Même si certains pensent gagner leur vie grâce au trafic, sachez que l'argent de la drogue est appelé : l'argent sale. Donc soyez certain qu'un tel argent ne vous conduira que vers la mort. Affectionnez-vous plutôt aux bonnes passions, qui vous rapprochent de votre but, de vos rêves. Car la passion lorsqu'elle est bonne, elle vous amène loin et vous fait réussir.

Secret n° 15 : Ayez de grands rêves

Il n'y a pas un pays de rêve. Il n'y a que des pays où des rêves se réalisent. Il n'y pas d'hommes, ni de femmes de rêve. Il n'y a que des hommes et des femmes qui réalisent leurs rêves.

Junior Pérets
───────────────

Je me souviens d'un long séjour passé en Italie, alors que les jours passaient et que je n'étais pas prête à rentrer en France. J'ai donc décidé de suivre des cours de langue italienne, pour passer le temps. Je suivais des cours avec de très jeunes filles et garçons, des adolescents. Un jour, l'enseignante qui nous faisait le cours, a posé la question à tout le monde, celle de savoir : Que voudrez-vous faire plus tard comme métier ? Les uns répondent, « moi je voudrais être maçon, travailler dans un supermarché », etc. Et ça été le tour d'une jeune fille, celle-ci n' pas répondu, ce sont les autres jeunes filles qui ont répondu à sa place, certainement qu'elles la connaissaient. Elles ont dit : « Signora, lei sarà casalinga », ce qui veut simplement dire :

« Madame, elle sera femme au foyer ». La dame repose la question en s'adressant directement à la jeune fille, celle-ci répond, « je voudrais être femme au foyer comme ma mère ». Voilà le rêve de cette jeune fille. Elle a focalisé son rêve sur celui de sa mère. Je ne dis pas que c'est une mauvaise chose de vouloir ressembler à quelqu'un que vous appréciez bien. Mais vous devez plutôt avoir vos propres rêves. Le rêve des autres ne peut que vous aider à mieux vous focaliser sur le vôtre. N'ayez pas peur de rêver ou d'exprimer votre rêve. Votre rêve est celui qui vous aidera à vivre le bonheur. Nous avons chacun un rêve. Nul ne naît sans un rêve. Il est en nous, il faut juste le trouver. Être d'abord conscient d'en avoir un. Voilà pourquoi Junior Pérets[11] déclare « qu'il n'y a pas de pays de rêves, ni d'hommes, ni de femmes de rêves ». Nous sommes souvent dans l'imaginaire en pensant vivre la vie d'Alice aux pays des merveilles. Non, il n'y a que des pays où les rêves se réalisent parce qu'il n'y a que dans ces endroits-là que l'on trouve des hommes et des femmes qui réalisent leurs rêves. Vous avez un rêve qui sommeille en vous. Vous devez en être conscient. Ayez de grands rêves, parce que la ressource

---

[11] Junior Pérets, 2020 : *Comment passer du rêve à la réalité.* Editions Vision Biosphère, 17 pages.

ou le talent que vous avez pour les réaliser, est un don de Dieu. Et ce talent vous amènera à réaliser ce grand rêve. Il n'est pas interdit d'avoir de grands rêves. Le problème, ce n'est pas le rêve, mais le refus de rêver parce qu'on se considère incapable de le réaliser. Aussi, à cause du manque de moyens, plusieurs ne veulent pas rêver. Il est vrai qu'on peut manquer de moyens, parce qu'on est dans une famille modeste ou disons-le, pauvre, mais ne vous interdisez pas de rêver. Vous n'aurez pas tous les moyens ou pas de moyens pour accomplir votre rêve. Ce n'est qu'en chemin que vous les aurez[12]. Sachez que le rêve peut créer ou attirer vers vous des moyens insoupçonnés, dès l'instant où vous croyez au monde du tout est possible. Ce n'est pas que les montagnes soient impossibles à faire déplacer, mais c'est parce que les gens n'ont pas assez confiance en eux pour arriver à les bouger. La jeunesse est un âge où le rêve est permis. C'est lorsqu'il était âgé de douze ans qu'Elon Musk a créé et vendu son premier jeu vidéo et est devenu millionnaire à l'âge de vingt-huit ans. Il rêvait de créer et d'innover, de changer le monde. Il est dit qu'il n'était pas issu d'une famille ayant des liens étroits avec le monde industriel, ni ayant un patrimoine exceptionnel ou des

---

[12] Junior Pérets, Op, Cit.

accointements politiques. Non, il n'avait pas tous ces privilèges, dans les domaines où il excelle aujourd'hui, mais il est parti du principe : « Ne me dis pas que c'est impossible. Dis-moi plutôt que tu ne peux pas le faire. » Il a toujours rêvé de grandes choses, comme les fusées réutilisables, ce que l'industrie spatiale avait longtemps considéré comme impossible. Il ne s'est pas privé d'imagination et la force de la volonté lui a permis d'obtenir des succès. On peut parler d'Albert Einstein qui avait aussi de grands rêves. Il apprenait par lui-même les mathématiques supérieures à partir des livres, à l'âge de douze ans. Nous citerons aussi des personnages tels que Thomas Edison, Steve Jobs, Marie Curie, etc., ces visionnaires qui ont pensé révolutionner le monde à travers leurs créations ou innovations. Ils ont commencé jeunes à rêver et à se projeter dans une position d'inventeur. Leur plus grande force, c'est qu'ils ont rêvé changer le monde, apporter leur contribution aux problèmes dont souffrait le monde à cette époque de leur existence. Ils ne se sont pas arrêtés à subir les chocs sans rien faire, mais ils ont cherché à être des acteurs, et cela grâce à leurs rêves. Vous pouvez vous inspirer de ces hommes et commencer par rêver. Cependant, lorsque vous lisez l'histoire de ces hommes, le trait caractéristique, c'est qu'ils ont eu un rêve. Mais le rêve seul ne suffit pas. Car comme le dit Pérets, « le rêve ne se réalise pas par un coup de baguette magique, ni par accident ». Un rêve devient réalité par vos actions, qui proviennent en grande partie de vos habitudes. C'est pourquoi, si vous avez un rêve, il vous faut passer à l'étape suivante, c'est-à-dire établir un plan où le but poursuivi est bien défini. Alors, commencer par construire vos rêves, petit à petit. Car la grandeur peut être atteinte à partir des petits débuts et surtout en nourrissant votre rêve, d'une vision claire et d'un plan précis. Je vais finir en m'inspirant de cette citation : laissez vos rêves être plus grands que vos peurs et vos actions plus fortes que vos paroles. Rêvez, ne vous en privez pas. Cependant ne vous arrêtez pas à mi-chemin, mais poursuivez votre rêve grâce à une forte volonté d'agir, capable de vous aider à atteindre votre but.

Secret n° 16 : Avoir un but dans la vie

Trop de jeunes se croient sans avenir, alors qu'ils sont sans objectif

Jacques Chirac

Ce n'est pas d'où vous venez qui compte, mais où vous allez. Vous pouvez naître dans une famille pauvre comme le disait Bill Gates, ce n'est pas de votre faute. Cependant dit-il, « mourir pauvre, c'est de votre faute ». Aujourd'hui vous ne comprenez peut-être pas ce qu'il voulait dire par là. Laissez-moi, vous éclairer un peu à ce sujet. Nous n'avons pas choisi de naître dans telle ou telle famille, mais qu'importe ce qu'elle est, dans la vie, nous avons le choix. Choisir qui nous aimerions être demain dépend de ce que nous peignons comme portrait aujourd'hui. Si vous décidez de ressembler à un clown pour faire rire les enfants malades en pédiatrie, ils vous verront ainsi quand vous viendrez avec votre déguisement, parce qu'au préalable, vous l'aurez choisi. La vie est un choix. Et pour ce faire, se fixer un but est une manière de dessiner votre portrait, c'est-à-dire l'image que vous voulez présenter au monde demain. La jeunesse est pleine de rêves, car il est permis à tous de rêver, surtout à vous. Ne dit-on pas que le rêve est permis ? Mais cependant, plusieurs rêves sont restés enfermés au pays d'Alice[13], parce que les personnes qui ont rêvé, ont cru que l'histoire allait s'écrire toute seule sans aucune participation de leur part. Plusieurs n'ont pas pu réaliser leurs rêves, parce qu'ils n'avaient pas fixé de but. Avoir un but dans la vie est très important, si on veut aller loin. Il ne suffit pas d'avoir un but, mais il faut se focaliser sur lui. Albert Einstein disait « si vous voulez vivre une vie, attachez-vous à un but, non pas à des personnes ou des choses.» Précédemment, nous avons parlé de l'organisation du travail, j'ajoute en disant que vous devez avoir un but. Une fois que vous avez emboité le pas ou franchi les murs de l'école, vous devez savoir où vous allez. Un jeune qui s'est fixé un but, ne se laissera pas distraire, ni décourager par les aléas de la vie. Il aura suffisamment de ressources pour rebondir chaque fois qu'il traversera des épreuves. Elles peuvent être douloureuses, mais il trouvera au fond de lui la force de repartir sur la ligne de départ et reprendre

---

[13] Alice au pays des merveilles

la marche ou continuer la course. Aujourd'hui, certains d'entre vous, n'avez aucune notion de ce que c'est qu'un but. Vous avancez sans un but précis. Lorsqu' un berger conduit son troupeau, il a un but bien défini et sait où il les amène. Il connait le chemin, les pâtures et les lieux paisibles. Le but, c'est comme une boussole qui nous aide à savoir où nous sommes et dans quelle direction nous allons. Un jeune sans but est comme une voiture sans direction assistée. Le but nous aide à résister, même quand ce n'est pas facile. « Les gens qui réussissent sont ceux qui savent mobiliser toutes leurs ressources mentales et physiques sur un objectif », déclare Anthony Robbins. En se fixant des objectifs, vous saurez quelles sont les initiatives à prendre pour continuer à avancer vers votre but. Vous pouvez vous dire à vous-même par exemple, « je veux réussir mon baccalauréat et suivre des études de sciences politiques », c'est votre objectif. Alors, la chose que vous devez maintenant faire, c'est de commencer à travailler sur les éléments qui vous aideront à atteindre votre objectif. Si vous n'avez aucun objectif, vous ne pourrez pas être motivé ou passionné. La motivation est liée au but que vous vous êtes fixé. Le but est le carburant de votre motivation. S'il n'y a pas de but, l'esprit d'initiative sera malheureusement aussi absent. Être jeune, ce n'est pas manquer de but ou être trop jeune pour en avoir. Le but de votre vie n'est autre que la vraie version de vous, que vous souhaiteriez voir dans le futur. En d'autres termes, c'est l'image de la personne à qui vous voulez ressembler dans cinq ou dix ans. Cette image peut être celui d'un « bachelier ». Donc ce qu'il vous reste à faire, c'est de travailler pour devenir la personne que vous voulez être demain. Se fixer un but dans la vie, c'est une manière de se prémunir des aléas de la vie et de construire son rêve. Le but traduit votre sens des responsabilités et votre volonté à réussir. Ne peuvent prétendre à la réussite, que ceux qui savent se fixer des objectifs. Le but n'est autre que votre itinéraire, votre trajectoire. C'est cet espace que vous avez défini vous-même avec ou sans l'aide de quelqu'un, dans lequel vous avez choisi d'évoluer ou de vous épanouir. Vous voulez devenir pilote de ligne, c'est votre but. C'est en quelque sorte votre prototype. Une personne qui n'a pas de but, est comme un navire sans gouvernail. Personne ne sait où il se dirige, sans doute qu'il rencontrera un iceberg qui va certainement arrêter sa course. Le but vous maintient dans la course vers la réussite. Il vous communique l'énergie dont vous aurez besoin pour poursuivre votre conquête. Vous avez compris que la réussite n'est pas simplement cet interrupteur sur lequel on appuie pour avoir la lumière sans trop d'efforts. Loin de là, la réussite est la combinaison de procédés qui, une fois mis ensemble, convergent vers le résultat tant attendu.

Secret n° 17 : Courir pour atteindre le but

Ce n'est pas que j'aie déjà remporté le prix, ou que j'aie déjà atteint la perfection ; mais je cours, pour tâcher de le saisir...

Paul_ apôtre des Gentils
───────────────

Courir, dans son étymologie, nous amène simplement à l'idée d'être animé, de se déplacer par une suite d'élans. Chercher à attraper quelque chose ou à atteindre un point donné. Il montre un certain engagement actif. Courir se dissocie de la passivité. Dès lors qu'une personne se met à courir, elle veut tout simplement dire qu'elle s'engage dans une dynamique. Ici, je ne parle pas de la fréquence avec laquelle elle court, mais je parle plutôt de l'idée de se mettre en mouvement tout en refusant l'immobilisme. Vous avez défini un but, alors ce qu'il faut faire par la suite, c'est commencer à courir. Le but est statique, mais pour l'atteindre, cela demande que vous puissiez faire quelque chose : un mouvement. Car le but, c'est cette limite que vous avez définie. Il ne viendra pas à vous, mais c'est à vous d'aller vers lui. D'où l'intérêt de décider de courir. Courir est un choix. On peut avoir des rêves, mais on peut refuser de se lancer dans la course. Les athlètes courent pour atteindre un but et remporter la course, un prix. Ils ne courent pas en vain. Vous avez fixé un but et sachez que ce que vous voulez être demain, c'est à vous de décider aujourd'hui. Il n'est pas anodin. En vous fixant un but, vous vous êtes certainement dit ceci : « je veux arriver à ressembler à ça ». Le but, c'est comme lorsque vous décidez de vous habiller. Vous avez une idée sur ce que vous voulez porter ce jour-là. En plus de vouloir vous habiller, vous pensez tout de suite à ressembler à quelqu'un, et de sorte qu'en paraissant devant les gens, votre habillement leur plait. Il est vrai qu'on s'habille d'abord pour soi, mais les efforts qu'on y met, c'est parce que nous recherchons aussi à être complimentés par les autres. Si nous fournissons un effort pour être joliment vêtus, c'est aussi pour que lorsque nous paraitrons, les gens diront *waouh, quelle élégance* ! Autant dire qu'on ne peut pas atteindre le but, si on reste dans l'immobilisme. Cet état ne nous permettra pas de ressembler à la personne que nous aimerions être. Si s'habiller demande un effort, combien, à plus forte raison, demande le but que vous aimeriez atteindre ? Courir, c'est cet exercice qui nous permet d'atteindre notre but. Il doit être pratiqué sans modération, le cas échéant si vous voulez réussir. Les personnes qui ont des rêves, ne s'arrêtent pas de courir à mi-parcours. Elles courent pour tâcher de saisir leur but. Vous avez certainement regardé des courses. Même lorsque l'un d'eux a déjà atteint la ligne d'arrivée, les autres ne s'arrêtent pas. Ils continuent la course jusqu'à arriver à la ligne de démarcation. Ils auraient pu s'arrêter puisqu'il y a déjà un vainqueur, mais ils poursuivent jusqu'à la fin parce que tel était leur but. Vous devez courir pour atteindre votre but, celui que vous avez fixé. Celui qui court ne se préoccupe pas des autres coureurs. Il est dans son couloir et il court vers son but. Il est conscient qu'il y a à côté de lui, d'autres coureurs qui eux aussi courent en ayant un but. Mais il reste préoccupé par son propre but. Cette course dont je parle, n'est pas un sprint, mais il ressemble à un marathon. Vous ne devez pas courir, comme c'est le cas dans un sprint, où les efforts demandés doivent être multipliés. Mais dans cette course vers le but, il faut avoir le rythme, la méthode et la concentration. Lorsque le départ est donné, tous les marathoniens se lancent à leur rythme. Chacun d'eux a sa cadence, vous ne les verrez pas courir tous au même rythme, car tous n'ont pas eu la même préparation et n'emploient pas tous les mêmes méthodes. Aussi, ils n'ont pas tous la même endurance ou résistance à l'épreuve. Je parlerais aussi du souffle ou de sa gestion. Ils se sont préparés en utilisant des méthodes différentes. Souvent, en suivant un régime particulier, des privations pour éviter la prise de poids, qui peut être nocif à leur résistance. Dans ce temps de préparation, plusieurs évitent les distractions, ils s'isolent ou se détachent pour travailler à être plus performants. Le détachement ou l'isolement est naturel, donc indépendamment de leur volonté, cela est relatif au challenge qu'ils vont relever. Vous devez faire la différence entre les loisirs et les distractions inutiles. Autorisez-vous des loisirs, mais fuyez les distractions inutiles qui vous éloignent de votre but. Il peut s'agir des personnes qui vous sortent de votre but en vous entrainant loin de votre rêve. Eloignez-vous de ces personnes, car ne dit-on pas que la moisissure des mauvais fruits finit par s'étendre sur les bons, et les deux seront dans un mauvais état ? Ne vous associez pas avec les mauvais amis, qui finiront par vous convertir à leur image. Par ailleurs, vous devez aussi être concentré, car la concentration est un ingrédient de la réussite. John C Maxwell a dit : « la focalisation peut procurer un formidable pouvoir. » Il nous encourage à nous focaliser sur notre but, car dit-il, « sans cela, nous nous sentirons souvent épuisés et incapables d'accomplir grand-chose. » En se concentrant, vous accroissez votre énergie. Vous n'allez pas la gaspiller. Car si vous manquez de concentration, vous vous agitez dans tous les sens. Restez concentré sur le but que vous avez défini. Si votre but est de réussir votre brevet, votre examen ou votre concours ; un conseil, restez concentré afin de gagner en énergie et obtenir de bons résultats. Dès l'instant où vous avez défini vos priorités, votre but, ce qu'il vous reste à faire maintenant, c'est de rester concentré. Or, souvent, ce qui vous manque, c'est la concentration sur ce qui est important pour votre lendemain. Plusieurs se concentrent quand il s'agit des jeux vidéo, dans le seul but d'atteindre des niveaux élevés et d'acquérir le statut de grand joueur. Le jeu n'est qu'un loisir et une fiction. Ce que vous voyez dans les jeux ne sont que de simples imaginations humaines. Mais votre réalité, c'est peut-être ce brevet, ce baccalauréat ou ce CAP, qui dans les prochaines années, remplira votre assiette. Aujourd'hui, c'est papa et maman qui vous apportent le repas, mais demain, vous devrez manger à vos propres frais. Pour que la nourriture ne manque pas, amusez-vous un peu, mais surtout restez concentré sur votre but. Vous devez réfléchir maintenant sur comment vous amènerez la nourriture dans vos assiettes dans dix ou vingt ans. Lorsque mon père me disait « étudie afin que tu réussisses dans la vie », je ne comprenais pas, mais maintenant je comprends, que c'était aussi parce qu'il savait qu'un jour, je serai seule et j'éprouverai la faim. Et quand viendrait ce jour, il ne serait pas là, je me retrouverai seule. Alors, il me faudrait avoir de quoi acheter ma nourriture. Et ce qui allait amener cette nourriture dans mon assiette, n'était autre que ce rêve que j'avais eu la première fois dans la maison de mon père et qui avait commencé à se réaliser petit à petit, grâce aux différentes actions que j'ai mises en œuvre et au but que je m'étais fixé dans la vie : Réussir à tout prix. La concentration m'a permis de rester focalisée sur mon but, de me détacher des distractions inutiles, de définir mes priorités et de m'y tenir, de me fixer sur mes points forts et non sur mes points faibles. Vous êtes maintenant conscient que c'est véritablement un travail sur vous que vous devez faire, pour réussir dans la vie.

Secret n° 18 : Soyez passionnés

Dans les annales de l'humanité, tout grand mouvement qui parvient à s'imposer est le triomphe de l'enthousiasme

Ralph Waldo Emerson

J'ai parlé des athlètes, au-delà du fait qu'ils tentent le tout pour le tout, pour remporter un prix, ils sont animés d'une passion pour ce qu'ils font. Cependant, la préparation à la course demande énormément de sacrifices ; il faut admettre que ces personnes sont enthousiastes. Cette passion leur donne de l'énergie, l'endurance et la persévérance. Des personnes passionnées n'ont pas besoin d'une incitation extérieure, elles ont un stimulant naturel. Ce stimulant les maintient en éveil, malgré les différentes épreuves qu'elles peuvent endurer. Quel est votre but ? Si vous en avez un, c'est une bonne chose, mais pour parvenir à atteindre ce but, vous avez besoin d'être allumés par ce but. La passion est très importante lorsqu'on veut réussir dans la vie. C'est votre leitmotiv. Elle sert à la fois de bougie d'allumage et de carburant, dans cette course vers la réussite. John C Maxwell a dit : « tant que les gens sont animés par une passion, les échecs n'ont pas d'importance, ni le nombre de chutes ». L'échec et la chute sont un plat qui vous est servi sur le chemin de la réussite, que vous le vouliez ou pas, vous mangerez de ce plat. Mais celui qui est passionné continuera sa marche parce que rien ne peut l'arrêter. Il est animé par l'enthousiasme et cherche constamment à aller de l'avant. Lorsque vous choisissez une filière, prenons le cas où vous aimez les mathématiques. Votre passion pour cette science va vous amener à faire des exercices, que tout le monde trouvera difficile, mais vous travaillerez jusqu'à trouver la solution. Mais si vous faites les choses que vous n'aimez pas, vous ne serez pas productifs, vous n'arriverez pas à de bons résultats, vous gaspillerez votre énergie et au final vous abandonnerez, parce que cette chose ne vous plaît pas. Il est difficile de réussir une chose, si vous n'aimez pas au préalable ce que vous faites. La seule manière de réaliser quelque chose de significatif, c'est de le vouloir vraiment. La passion vous conduira au-delà de vos limites. On ne peut pas arrêter une personne passionnée. Imaginez ceux qui ont pour passion le foot. Je le vois avec mon fils. Il profite de chaque occasion pour jouer au foot avec un ballon, même à l'intérieur de l'appartement. L'espace de notre appartement était petit, cela ne le dérangeait pas. Si vous lui confisquez le ballon, parce que vous en avez marre du bruit, il s'arrange toujours à prendre autre chose, un bouchon ou ce chausson de tortue ninja qu'il a, et il continue à jouer. Il peut jouer au foot avec n'importe quoi et n'importe où. Le problème pour certains d'entre vous, c'est le manque de passion. Vous aimez une chose, mais vous n'êtes pas passionné par ce que vous faites. Et à la fin, les résultats ne sont pas conséquents. Voilà pourquoi, il est important d'avoir vos propres rêves. En effet, chacun a sa propre tête, son propre cœur. Vous ne pouvez pas vivre dans la peau d'une autre. Surtout, n'imitez pas aveuglement, car nous n'avons pas tous les mêmes aspirations, la même patience, la même endurance et la même énergie. Nous sommes tous différents. A chacun son rêve. Et celui-ci sera votre source de motivation. Si c'est quelqu'un qui vous a imposé ce rêve, il est difficile de produire de bons résultats, car il n'y aura aucune bougie d'allumage pour vous faire avancer. La passion vous redynamise lorsque les épreuves liées à votre rêve vous dépassent. Je peux voir la passion comme lorsqu'une éponge est imbibée d'eau. Considérez l'eau comme les épreuves ; les difficultés et l'éponge, sont la passion. Une fois que l'eau est versée, cela peut entrainer la panique, mais l'éponge, c'est cette chose qui vous rassure que dans un instant tout va disparaître. En fait, la passion absorbe les difficultés que nous pouvons avoir dans notre parcours vers la réussite. Elle vous consolide et vous évite de tomber dans le piège de la passivité ou de l'oisiveté. Voilà pourquoi, vous avez tout intérêt à choisir ce que vous aimez et non ce que vous semblez aimer parce que vous avez vu quelqu'un le faire. Prenez le temps de bien choisir vos filières, une fois votre brevet en poche. Ne suivez pas la copine ou le copain. Il y a toujours un moyen de les retrouver dans la cour de l'école, à la cantine, un après-midi ou un week-end à la maison. Ne vous inscrivez pas dans une filière pour des raisons amicales, mais que votre choix soit raisonnable et surtout en ayant en vous l'image de la personne que vous aimeriez être demain. Car vous deviendrez ce que vous pensez être. Donc commencez par penser et agissez en conséquence, non pas en essayant d'être quelqu'un d'autre, mais cette personne que vous désirez véritablement être.

Secret n° 19 : Croyez en vos rêves

Si vous croyez, si vous croyez pour vrai à vos rêves, vous les réaliserez

Rudy Ruettiger

———————

Personne ne croira en vous, plus que vous-même. Les gens peuvent vous considérer comme un malade mental, lorsque vous leur racontez vos rêves. Ils peuvent vous dire que c'est impossible, mais continuez à croire en vous. Dans la quête vers la réussite, vous n'aurez pas toujours un fan club. Souvent, vous serez seul à penser le contraire de ce que les gens voient en vous. Ils verront peut-être un journaliste, mais au fond de vous, vous voyez une femme ou un homme d'affaires. Les gens ont leurs lunettes à travers lesquelles, ils vous voient, mais la vraie question est celle de savoir : Comment vous vous voyez vous-même, ou plutôt, comment étiez-vous dans ce rêve que vous avez eu ? Un certain Joseph, d'après une histoire de la Bible, avait vu dans un rêve qu'ils étaient à lier des gerbes avec ses frères au milieu des champs ; et voici, sa gerbe se leva et se tint debout, et celles de ses frères l'entourèrent et se prosternèrent devant elle. Un autre jour, il fait un second rêve, il voit le soleil, la lune et onze étoiles se prosterner devant lui. Le jeune Joseph avait eu des rêves et nous pouvons comprendre qu'il avait vu son image, la position qu'il occupait dans ses rêves par rapport à ses frères. Et la Bible nous relate qu'après ces récits, il a vécu des temps difficiles, la trahison, les fausses accusations, la prison. Mais au bout de ces sinistres événements, il est devenu la personne qu'il avait vue dans ses rêves. Entre temps, il faut dire que le jeune Joseph était un garçon très intègre, doué de sagesse et d'intelligence, discipliné. Son rêve ne s'est pas réalisé par coup de baguette magique, mais il a eu un parcours exemplaire, il a travaillé, mis en avant ses talents et ses connaissances. Mais surtout, il a gardé une ferme conviction en lui et en ses rêves. Nous avons également l'exemple d'Elon Musk ; ce dernier croyait fermement que les fusées pouvaient être réutilisées, ce que l'industrie spatiale avait longtemps considéré comme impossible. Il a toujours obtenu ses succès par la seule force de la volonté. « Ne me dites pas que c'est impossible, mais dites-moi que je ne peux pas », voilà de quelle manière pense Musk. Rien ne peut l'arrêter, car il croit en ses rêves, et en ce qu'il croit possible, même quand les autres ne partagent pas son opinion. Posez-vous la question suivante : Croyez-vous suffisamment en vous ou en vos rêves ? Êtes-vous plutôt instable ? Vous dites ceci aujourd'hui et demain vous changez. Sachez ceci, la confiance se cultive. Il faut cultiver la confiance en vous et de surcroît en vos rêves. Personne ne croira en vos rêves, plus que vous n'y croyez vous-même. N'attendez pas qu'on vous acclame lorsque vous choisissez de faire la formation de pilote de ligne. Suivez vos convictions ! Cependant, si vous l'avez vu dans vos rêves, si c'est ce que vous aimeriez devenir, allez-y, foncez. Appuyez sur le bouton et avancez. N'attendez pas toujours l'approbation des autres, c'est vous le maître d'ouvrage et vous aurez besoin sur le chemin de la réalisation de votre rêve, d'un maître d'œuvre et des ouvriers ; tous vont vous accompagner ou vous aider à construire votre rêve. Il y aura par exemple les amis que vous allez rencontrer, ils seront soit des maîtres d'œuvre soit des ouvriers. J'insiste sur la compagnie de bons amis, parce que c'est de ça qu'il s'agit si on veut réussir. Dans le cas où vous rencontrez des mauvaises personnes, rappelez-vous ; que vous ne devez pas les garder dans votre environnement, mais au contraire, ils seront pour vous des signaux vous avertissant que vous devez renforcer votre vigilance. Car sachez que le bien existe, et à côté, il y a le mal qui essaie de se frayer un chemin. C'est à vous de faire attention et de protéger votre rêve des mauvaises fréquentations. Par ailleurs, imaginez que vous avez appris à nager. Un jour vous vous retrouvez à la piscine avec vos amis. Et au moment où il faut plonger, vous demandez aux autres, « puis-je le faire ? » Question absurde ! Vous savez nager ou pas ? Si vous savez, plongez et montrez à vos amis comment vous le faites si bien. Il y a en vous ce rêve qui attend qu'on croit en lui et qu'on lui donne la possibilité de se dévoiler. N'oubliez pas ceci, c'est vous qui portez ce rêve, ne vous laissez pas impressionner. Allez-y, travaillez et mettez toutes les chances de votre côté pour vivre ce rêve.

Secret n° 20 : Être un modèle pour sa génération

Il faut vivre sa vie en essayant d'en faire un modèle pour les autres

Rosa Parks
___

Il n'existe pas de personnes extraordinaires, cependant, il y a des personnes qui font des choses extraordinaires dans leur génération. Des hommes et des femmes comme Thomas Edison, Benjamin Franklin, Ford, Albert Einstein, Louis Pasteur, Marie-Curie, Rosa Parks, Martin Luther King, Steve Jobs, Elon Musk, Bill Gates, Aliko Dangote, Uber, Nelson Mandela, etc., pour ne citer que ceux-là. Tout domaine confondu, ils ont marqué leur génération et l'ont rendue extraordinaire, grâce à la passion qu'ils ont eue pour leur rêve. Ils n'ont pas tous été des enfants de cœur, mais ils ont apporté une grande valeur ajoutée au monde. A cause de leur diligence, les multiples sacrifices et privations qu'ils ont consentis pour que leur génération entre dans l'ère de la révolution scientifique, du changement et de la richesse. Bien que morts pour certains, mais l'histoire continue à parler d'eux au présent, à cause de ce qu'ils ont laissé au monde. Ils ont été des chandeliers dans leur génération. Ils ont vécu la majeure partie de leur vie à générer et à poursuivre des idées incroyables, à remettre en question des hypothèses et à accomplir ce qui semble impossible[14]. Ont-ils eu de la chance, pour réaliser ces exploits ? Je ne l'affirmerais pas en ces termes, mais je vais juste vous encourager à revoir les quelques secrets que j'ai eus à vous exposer jusqu'ici. En fait, la pratique des principes au sujet de la réussite vous permettra de rendre votre génération extraordinaire, comme l'ont fait ces hommes. La réussite exige énormément de pratiques et de connaissances. Des hommes comme Elon Musk n'ont pas révolutionné le monde parce qu'ils possédaient des acquis et de l'expérience dans un domaine précis. Bien au contraire, la plupart ont persévéré en apprenant, en étudiant, en testant leurs théories, jusqu'à les parfaire. Ils n'étaient que des outsiders, des gens sur qui personne ne pouvait miser. Cependant, ils ont fait l'impossible, en partie parce qu'ils ne savaient pas (ou ne croyaient) que c'était

---

[14] Melissa Schilling, 2018 : *Les visionnaires. Psychologie et caractéristiques des innovateurs qui changent le monde. Et comment en tirer profit pour soi-même.* Editions FYP, 316 pages.

impossible, comme le déclare Melissa Schilling. Ils ont été animés par la seule idée de contribuer à changer l'image du monde, résoudre les problèmes auxquels leur génération était confrontée. Ils ont eu une extrême confiance en eux pour arriver à faire ce qu'ils ont fait. Le temps est passé, mais ils sont et restent dans l'histoire, parce qu'ils ont marqué leur génération. Ils se sont distingués par un travail acharné, moteur efficace de leur succès, et cela leur a permis d'acquérir cette notoriété universelle. Ils ne sont pas connus que dans une nation, mais la renommée de ces hommes reste mondiale. Une génération a été impactée, et l'impact par effet boule de neige a touché les générations suivantes. Jusqu'à nos jours, les marques sont encore visibles.

Je vous en conjure, travaillez de sorte à être un générateur pour concevoir d'autres générateurs d'hommes et de femmes. Le monde attend la révélation des fils porteurs de rêves et qui enfantent d'autres fils. Vous n'êtes pas le fruit d'un hasard dans cette génération de Smartphone, de Tik Tok, de Youtube, etc. Votre vie est précieuse, et plus vous prendrez conscience de cette réalité, plus vous avancerez vers la réussite. Ne soyez pas un sujet de scandale pour votre génération, en vous livrant à la drogue, au vol, aux mauvaises passions de la jeunesse. Mais, soyez des modèles en parole, en conduite, en amour et en pureté. Qu'on ne trouve pas chez vous ; de l'agressivité, de la violence, de la tromperie, du mensonge, de la jalousie, de la haine, de l'immoralité... Ces choses vous détruisent, mais surtout, elles vous discréditent. Excellez plutôt dans ce qui vous rapproche et contribue à votre rêve. Car votre rêve doit enfanter d'autres rêves. Ne manquez pas votre but !

Secret n° 21 : Votre rêve doit enfanter d'autres rêves

Le plus grand bien que nous faisons aux autres n'est pas de leur communiquer notre richesse, mais de leur faire découvrir la leur

Louis Lavelle

Un homme a déclaré : « le succès n'est pas seulement ce que tu accomplis dans la vie. C'est aussi ce que tu inspires comme actions aux autres. » Vous avez chacun votre rêve, c'est une bonne chose, mais celui-ci doit en enfanter d'autres. Si le rêve était quelque chose, à quoi ressemblerait-il ? Si on me demandait de dessiner le rêve, je le présenterais comme un immeuble à plusieurs niveaux. Le premier niveau c'est le mien et la suite appartient à d'autres et nous avons tous la même fondation : la passion. Le rêve est personnel, mais une fois réalisé, il devient public. Il devient comme une source où plusieurs viennent s'abreuver. Certains viendront avec des petits récipients pour boire et étancher leur soif. Mais d'autres viendront non pas seulement pour boire, mais dans le but de devenir eux-mêmes des sources d'eau pour les autres. Thomas Edison a ouvert le chemin de l'éclairage, et d'autres par la suite ont pu s'appuyer sur ses travaux, pour apporter une nouvelle valeur ajoutée et réaliser leurs rêves. Votre rêve doit réveiller le rêve qui sommeille dans la vie d'un autre. Il ne suffit pas de dire qu'on a réalisé son rêve, mais le plus important c'est que celui-ci ait pu permettre aux autres de rêver comme vous ou bien au-delà. Je rêve d'être pilote de ligne comme un tel. Oui un tel ne restera pas éternellement dans cet espace, il est appelé à disparaître un jour, alors faites de sorte que celui-ci enfante d'autres rêves. Cependant, rappelons-le, le rêve est enfoui en chacun de nous. Il suffit d'un réacteur ou stimulant pour qu'il sorte de sa cachette. Votre rêve peut être une source d'inspiration pour une personne. Je vais vous dire comment j'ai pris la décision de commencer à écrire. En fait, depuis toute petite, j'aimais écrire. J'écrivais souvent des lettres à mes copines, les gens étaient étonnés en me lisant, après avoir découvert que c'était une petite fille qui avait écrit ça. Car ils croyaient plutôt que c'était une adulte. Mais c'était cette petite fille que j'étais à l'époque. Et ce n'est que plusieurs années plus tard que je suis tombée sur un livre sur le leadership. Ce livre ne comptait qu'une dizaine de pages. Il faut avouer que j'avais peur de me lancer dans l'écriture, et j'hésitais beaucoup, disons-le je raisonnais énormément. Mais le jour où j'ai lu ce livre de quelques pages, j'ai réalisé que cet auteur avait eu l'audace de réaliser son rêve. Alors, j'ai pris la décision d'écrire. Le rêve de cet auteur m'a affectée et m'a sortie de la prison de la peur dans laquelle je m'étais enfermée moi-même. Oui, c'était la peur du que *dira-t-on de mes écrits* ou que *pensera-t-on de ces écrits* ? J'avais peur des critiques et des jugements des autres. Mais plus tard, j'ai appris grâce à Louis L'Amour, que quel que soit le sujet choisi, nous devons nous mettre à l'œuvre. L'eau ne coule que si on tourne le robinet. Il faut se lancer, vivre son rêve et permettre à d'autres de vivre le leur à travers votre rêve. Le rêve se présente comme un vase communiquant ; qui doit en impacter d'autres. Votre rêve doit nourrir les autres, mais surtout, doit leur permettre de s'en inspirer et d'accoucher leur propre rêve. Vous aurez réussi, si vous relever ce challenge. Et je pense que je l'ai relevé avec vous, car vous allez pouvoir maintenant croire en vos rêves et travailler de sorte à les réaliser. Pour moi, j'aurai alors atteint le but que je me suis fixé en écrivant ce livre, qui n'est autre que de vous amener à voir la réussite non pas comme mon père me l'avait peinte, mais plutôt comme je l'ai compris au fil du temps. De sorte qu'elle serait plutôt la combinaison de ces quelques éléments que j'ai pris soin de vous partager dans ce livre. Ne vous arrêtez pas seulement à lire ces secrets, mais vous aurez plus à gagner si vous les pratiquez et en faites une règle d'or.

Conclusion

Désirez-le vraiment ! Et vous réussirez...

Martin Luther King[15] s'est écrié un jour lors d'un meeting : « J'ai un rêve ». Cependant, celui-ci s'est réalisé après des luttes acharnées, l'enthousiasme de plusieurs personnes, qui ont désiré voir le changement. Car, le plus important, ce n'est pas de désirer une chose, mais de la désirer vraiment. C'est la preuve de ce que nous avons pu observer aux Etats-Unis dans les années 1950. Il faut souligner que la jeunesse ne signifie pas échec ou priver de réussite voire l'échelonner dans l'âge adulte. J'ai essayé de vous faire comprendre que vous pouvez dès à présent commencer à la construire, sans plus attendre. Par ailleurs, je vais ici m'adresser une fois de plus aux parents. Imaginez qu'on laisse un enfant se débrouiller tout seul sans l'enseigner et s'attendre à ce qu'il vous apporte de bons résultats. Ce n'est pas possible ! Si vous avez planté un manguier, ne vous attendez pas à cueillir des pommes. Les jeunes ont besoin d'être

---

[15] Martin Luter King, le combat d'un homme pour son rêve. Il s'est battu toute sa vie pour que les noirs aient les mêmes droits que les blancs

accompagnés et conseillés sur ce qu'il faut faire ou ne pas faire, dans le processus vers la réussite. Ces vingt-et-un secrets ne sont pas exhaustifs, mais ils peuvent déjà, s'ils sont appliqués, vous conduire vers des résultats probants. Je vous rappelle que votre jeunesse est précieuse et elle n'est pas une tare. Vous avez le choix de construire positivement votre avenir aujourd'hui, car le plus important ce n'est pas d'où vous venez, mais là où vous allez. Vous avez donc le choix maintenant. Construire la réussite demande de la volonté, de la passion, mais surtout de la constance dans la réalisation des choses que vous faites au quotidien. Vous avez compris que la réussite ne se construit ou ne s'obtient pas en une journée ; elle n'est pas instantanée. Au contraire, elle est le fruit de beaucoup d'efforts, de stratégies et de méthodologies mises en œuvre au quotidien, comme nous avons pu le décrire à travers ces différents secrets. Aussi, je vous conseille de ne pas être des lecteurs oublieux, qui, après avoir lu, ne se rappellent plus tout ce qu'ils ont lu. Lisez, non pas seulement pour savoir, mais surtout pour pratiquer ce que vous avez appris. Un jeune qui serait un fruit de hasard n'existe pas. Si vous existez, c'est parce que ce rêve qui sommeille en vous est appelé à se réaliser pour rencontrer les besoins de votre génération et aussi pour en produire d'autres rêves. Enfin, vous avez un rêve, c'est une bonne chose, cependant, ce n'est pas suffisant pour réussir, il faut aller plus loin et rechercher tous les éléments qui doivent conquérir à sa réalisation. Ce n'est qu'à ce moment-là que vous accéderez au palier de la réussite. Je vous encourage pour finir, d'écrire votre histoire avec pour titre : « Je dois réaliser mon rêve et être un générateur de rêves ». De sorte que vous permettez à d'autres de vivre leur rêve à travers votre rêve.

Remerciements

La liste des remerciements est toujours interminable, même si je m'engage à la faire maintenant, parce qu'un tel ouvrage ne peut qu'être l'œuvre de plusieurs personnes qui ont été à mes côtés pour m'encourager à croire à mon rêve et le voir enfin se réaliser. Je remercie toute ma famille et particulièrement ; mon père spirituel, le Pasteur Bill KALALA, qui a cru en moi et ne cesse de m'encourager à continuer à écrire. J'apprécie également le soutien de tous ceux qui se sont procuré mes premiers ouvrages. Cela m'a énormément encouragée à poursuivre cette passion que j'ai de l'écriture. Je remercie les jeunes du groupe "Jeunesse Restaurée en Christ" du C.E.R.R, qui m'ont permis de comprendre que je ne devais pas seulement m'arrêter à expliquer ces secrets lors de cette réunion hebdomadaire que je dirige. Mais il faut avouer que c'est à partir de cet échange que j'ai eu avec eux, que m'est venue l'idée d'écrire ce livre, afin de les aider eux, ainsi que d'autres jeunes, à réussir le passage de cet âge d'or. Car on dit souvent que les paroles s'envolent, mais les écrits restent. Je remercie du fond du cœur tous ceux qui de près ou de loin, m'accompagnent dans cette aventure où mon rêve est devenu une réalité.

Ouvrages du même auteur

Les organisations paysannes en République du Congo : émergence et signification des dynamiques organisationnelles dans le secteur agricole en zones périurbaines et rurales, Edition Connaissances et Savoirs 2016, 598 pages.

Les tueurs de visions : Quand la vision meurt sur les genoux, Edition Books on Demand, 2021, 154 pages.

A mon ami Tom : ce que je n'ai pas pu te dire, c'est que la différence est une identité universelle, Edition Books on Demand, 2021, 112 pages.

Table des matières

Dédicace 2
Préface 5
Avant-propos 6
Introduction..11
Secret n° 1 : Se connaître 14
Secret n° 2 : Respecter ses parents 19
Secret n° 3 : L'amour... 28
Secret n° 4 : Savoir choisir ses amis 34
Secret n°5 : Savoir utiliser les réseaux sociaux... 41
Secret n° 6 : L'importance de l'instruction 45
Secret n° 7 : Etre organisé dans son travail....... 50
Secret n° 8 : Travailler de sorte à combler ses lacunes...57
Secret n°9 : S'accorder des temps de loisirs.......63
Secret n°10 : Profitez de chaque moment en famille... 68
Secret n° 11 : Dites-le aujourd'hui, n'attendez pas demain..74
Secret n° 12 : Faites confiance à vos parents 80
Secret n° 13 : Confie-toi en Dieu..........................87

Secret n° 14 : Fuir les passions de la jeunesse ...95

Secret n° 15 : Ayez de grands rêves................... 99

Secret n° 16 : Avoir un but dans la vie..............104

Secret n° 17 : Courir pour atteindre le but 109

Secret n° 18 : Soyez passionnés 115

Secret n° 19 : Croyez en vos rêves.................... 119

Secret n°20 : Etre un modèle pour sa génération 123

Secret n°21 : Votre rêve doit enfanter d'autres rêves...127

Conclusion 131

Remerciements 134

Notes personnelles